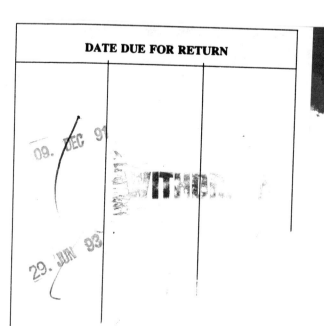

FLAUBERT

**OU
L'ARCHITECTURE
DU VIDE**

Une lecture de l'Éducation sentimentale

DANS LA MÊME COLLECTION

Nicole Deschamps, *Sigrid Undset ou la Morale de la passion,* 1966
Prix, Concours littéraires et scientifiques du Québec, 1966

René de Chantal, *Marcel Proust, critique littéraire,* 2 vol., 1967
Grand Prix littéraire de la Ville de Montréal, 1968. Médaille de la Fondation Broquette-Gonin décernée par l'Académie française en juin 1968

Nicole Deschamps, *Louis Hémon. Lettres à sa famille,* 1968

Jean-Cléo Godin, *Henri Bosco : une poétique du mystère,* 1968
Prix, Concours littéraires et scientifiques du Québec, 1969

Bernard Beugnot, *Guez de Balzac. Bibliographie générale,* 2 vol. 1967 et 1969

Michel Plourde, *Paul Claudel : une musique du silence,* 1970

Marcel Gutwirth, *Jean Racine : un itinéraire poétique,* 1970

François Bilodeau, *Balzac et le jeu des mots,* 1971

Mario Maurin, *Henri de Régnier : le labyrinthe et le double,* 1972

JEAN-PIERRE DUQUETTE

FLAUBERT

OU
L'ARCHITECTURE
DU VIDE

Une lecture de l'Éducation sentimentale

1972
LES PRESSES DE L'UNIVERSITÉ DE MONTRÉAL
C.P. 6128, MONTRÉAL 101, CANADA

CET OUVRAGE A ÉTÉ PUBLIÉ GRÂCE À UNE SUBVENTION ACCORDÉE PAR LE
CONSEIL CANADIEN DE RECHERCHES SUR LES HUMANITÉS ET PROVENANT
DE FONDS FOURNIS PAR LE CONSEIL DES ARTS DU CANADA

ISBN 0 8405 01870
DÉPÔT LÉGAL, 1er TRIMESTRE 1972
BIBLIOTHÈQUE NATIONALE DU QUÉBEC

Introduction

Il semble que le mystère des commencements de l'œuvre littéraire doive rester insondable. Celui qui prend le risque d'interroger un roman pour remonter à sa source comme pour en saisir l'architecture s'engage toujours dans un labyrinthe dont il espère, bien à tort, découvrir l'issue. S'il ne s'agissait que de constituer le dossier d'une étape de création, de chercher comment tel livre est venu à son auteur, d'élucider patiemment la chaîne des événements, les circonstances, les conditions de la naissance d'un roman, la tâche serait relativement aisée. Mais alors, nous ne ferions qu'éclairer les environs de l'œuvre, de loin et en tout cas toujours de l'extérieur. Cette approche et les données qu'elle permet de réunir contribuent certes au déchiffrement, à la lecture du roman. Tous les moyens sont bons, quand on aborde l'œuvre, pour comprendre de quoi et comment elle est faite, pour qu'elle se communique. Mais cela ne suffit pas.

Il n'y a plus d'auteur, au moment où l'on ouvre un roman : il n'y a qu'une lecture, phrases et lecteur, sans que l'auteur soit totalement absent de son récit, bien au contraire. Mais il est embusqué dans les mots, dans les rythmes, dans les paysages de son livre. Il est là tout en n'y étant pas. Et c'est au plus intime de l'œuvre, à travers elle, qu'il est possible de trouver la vérité de cette œuvre : l'homme qui la crée. C'est ainsi que la lecture permet l'œuvre. Maurice Blanchot l'exprime bien en disant qu'un livre qu'on ne lit pas n'est pas encore écrit. Une lecture véritable fait en sorte que l'œuvre s'écrive, mais alors sans l'entremise de l'écrivain. C'est cette expérience que nous avons voulu tenter sur l'une des œuvres les plus marquantes du XIXe siècle, que la critique éclairée a toujours considérée comme le premier roman moderne.

Quand Gustave Flaubert trace dans un carnet de notes les premières ébauches de ce qui sera l'Éducation sentimentale de 1869, quinze ans ont passé depuis les événements tragiques qui ont ébranlé la France de février 1848 à décembre 1851. S'il faut en croire les Goncourt, il songe alors à « [...] deux ou trois petits romans non incidentés et tout simples, qui seraient le mari, la femme, l'amant », et qui s'intitulent d'abord Mœurs parisiennes, le Roman de Me Dumesnil, puis Me Moreau (roman), où nous avons le noyau même du récit de 1869.

Le Carnet 19, inventorié par Mme Durry, renferme huit pages d'esquisses pour l'Éducation (folios 30 à 39). Or parmi ces notes rapides, deux lignes seulement, au folio 38, annoncent l'une des deux dimensions essentielles du roman : « Montrer que le Sentimentalisme (son developpement depuis 1830 suit la Politique & en reproduit les phases[1]. » En quatre séances de travail, Flaubert a donc constitué le plan d'ensemble de l'Éducation sentimentale, et c'est à la quatrième reprise qu'il note l'idée politico-historique, dans une formule extrêmement brève, indiquant déjà toute la construction en parallèle du roman.

---

1. Marie-Jeanne Durry, Flaubert et ses projets inédits, p. 187 (graphie originale respectée).
   Dans le but d'abréger les notes, nous nous sommes borné, pour les ouvrages mentionnés dans la bibliographie, à ne donner que l'auteur, le titre et la page d'où est tiré le texte cité ; on trouvera les références complètes dans la bibliographie. Pour les articles, toutefois, les notes contiennent tous les renseignements utiles. Nous avons conservé dans les citations l'orthographe et la ponctuation de l'édition citée.

L'automne suivant (1864), il écrit à Mlle Leroyer de Chantepie :

« Me voilà maintenant attelé depuis un mois à un roman de mœurs modernes qui se passera à Paris. Je veux faire l'histoire morale des hommes de ma génération ; « sentimentale » serait plus vrai. C'est un livre d'amour, de passion ; mais de passion telle qu'elle peut exister maintenant, c'est-à-dire inactive. [...] Les faits, le drame manquent un peu ; et puis l'action est étendue dans un laps de temps trop considérable [2]. »

Ce laps de temps considérable, ce sont les onze années pendant lesquelles se développe la majeure partie du roman, de 1840 à 1848 (parties I et II) ; puis, 1848-1851 (chapitres 1 à 5 de la troisième partie). Le chapitre 6 de cette dernière partie s'étalant de 1851 à mars 1867 (le « blanc » des quinze années de voyage, de vide), et le chapitre 7 nous amenant au commencement de l'hiver 1867.

Il s'agit toujours de l'histoire sentimentale d'une génération. Et pourtant, c'est ici que naît le profond paradoxe de l'entreprise. D'une part, comme dans la structure d'une tapisserie, nous avons la chaîne psychologique (quête amoureuse de Frédéric Moreau) ; d'un autre côté, la trame historique, inévitable, Flaubert ne pouvant raconter l'histoire sentimentale de son temps sans incarner cette dimension de l'œuvre dans l'épaisseur des événements de l'histoire telle qu'elle s'est déroulée entre les limites qu'il a choisies.

Or que se passe-t-il en France pendant cette période ? On assiste à la montée du capitalisme et de la grande bourgeoisie : le gouvernement ne peut se passer d'une oligarchie financière qui prend une place de plus en plus considérable, et qui a tout intérêt à contribuer à la consolidation de l'ordre restauré ; la bourgeoisie s'installe et lorgne du côté du pouvoir tout en s'efforçant de suivre à la lettre le conseil classique : « Enrichissez-vous. »

Il y a un envers au décor : dès la chute de la monarchie constitutionnelle, la tragédie populaire apparaît

---

2. *Correspondance,* t. V, p. 158.

brusquement, fruit d'une exploitation inimaginable : le profit devait être réalisé grâce à l'abaissement des salaires, à l'augmentation de l'offre de main-d'œuvre et à l'allongement de la journée de labeur. Le sentiment d'insécurité et la misère des travailleurs sont la cause d'effervescences chroniques d'où ressort constamment la grande réclamation de l'organisation du travail.

La deuxième République, magnanime, accordera aux ouvriers le droit au salaire et créera les Ateliers nationaux qui s'avéreront rapidement une sorte de droit à l'Assistance. Le malaise profond fait éclater de façon sporadique des manifestations qui dressent des barricades dans les quartiers populaires, et ce seront les « journées » de 1848. Tocqueville pourra écrire : « Et voici la Révolution française qui recommence, car c'est toujours la même... » En effet, de même que la tradition de 1789 veut que le paysan ait été libéré des servitudes féodales, 48 prétendra affranchir l'ouvrier, et la révolution prendra dès son origine un caractère prolétarien très marqué.

Alors une nouvelle « Grande Peur », celle des « partageux », des « rouges », s'emparera des possédants, et la crainte rejettera du côté de la réaction tous ceux qui craignent la menace de l'anarchie et du collectivisme. Et d'abord la bourgeoisie, qui veut bien mettre « chapeau bas devant la casquette », mais qui sera flouée elle aussi : la répression sanglante et le coup d'État du 2 décembre 1851 se feront au profit de la grande industrie et de l'argent. Marx l'a noté : l'aristocratie financière sortira renforcée de la révolution.

Il est certain que Flaubert ne prétend pas faire dans l'*Éducation sentimentale* une reconstitution historique. « Bien que mon sujet soit purement d'analyse, je touche quelquefois aux événements de l'époque[3]. » La difficulté la plus sérieuse provient de la vérité objective qui risque de prendre toute la place : « [...] j'ai bien du mal à emboîter mes personnages dans les événements politiques ; les fonds empor-

---

3. *Correspondance*, t. V, p. 327.

tent les premiers plans [4] », écrit-il à sa nièce Caroline en mars 1868. Il le répète à Jules Duplan : « Les personnages de l'histoire sont plus intéressants que ceux de la fiction, surtout quand ceux-là ont des passions modérées [5]. » Profond paradoxe d'un roman dont les fonds sont réels et les premiers plans inventés.

L'Éducation sentimentale est bien un roman de 1848, le roman de la génération qui a fait la révolution pour être sabrée par les forces de l'ordre au soir du 2 décembre 1851. Trame historique d'une absolue fidélité (G. Duveau et Georges Sorel s'accordent à dire qu'il n'existe pas de meilleur document sur cette période), à travers laquelle on assiste à l'échec de 48, ce « gigantesque avortement » sur lequel se modèlera l'évolution du « Sentimentalisme [6] ».

Mais précisément, se défendant sans cesse contre l'envahissement des fonds, Flaubert les repoussera le plus possible, s'attachant, comme il le fait toujours, à ce qui se passe quand il ne se passe rien, c'est-à-dire aux annonces, aux grondements souterrains de la révolution, puis au bilan final. Et encore, les « journées » n'arrivent-elles qu'à la fin du second tiers du roman et au début de la troisième partie, jusqu'au chapitre 5 où nous en sommes déjà au coup d'État. Le pouls de l'histoire ne cesse de battre, néanmoins, subtilement accordé à celui du récit, vague affleurante dont la crête (émeutes et répressions de février, mai et juin 1848, puis de décembre 1851) semble envahir l'horizon, mais qui retombe peu à peu pour permettre à la modulation affective de remonter à la surface, tout en imprimant à l'ensemble de l'œuvre son large mouvement de vibration de grande profondeur.

---

4. *Correspondance*, t. V, p. 360.
5. *Ibid.*, p. 363.
6. En mai 1852 sera publiée à New York la brochure de Karl Marx, *le 18 Brumaire de Louis Bonaparte*, dont la première traduction française paraîtra en 1891, et dans laquelle on trouve cette description de la seconde République qui préfigure tout le roman de Flaubert : « Passions sans vérité, vérités sans passions ; héros sans héroïsme, histoire sans événements ; développement dont la seule force motrice semble être le calendrier, fatigant par la répétition constante des mêmes tensions et des mêmes détentes » (Paris, Éditions Sociales, 1969, p. 64).

Nous nous proposons d'éclairer la création de la forme de *l'Éducation sentimentale* de 1869, par une lecture à divers niveaux qui doit — selon le vœu de Maurice Blanchot — faire en sorte que l'œuvre *s'écrive*. Certes, il s'agit de l'un des romans les plus *signifiants* du XIXᵉ siècle, que la critique éclairée a toujours considéré comme le premier grand récit moderne, et sur lequel il a été abondamment écrit (bien qu'on lui ait longtemps préféré *Madame Bovary*). Mais les études traditionnelles ne se sont presque jamais attachées qu'à l'anecdote, à la vérification des sources, aux événements de la vie de Flaubert pouvant éclairer le contenu de *l'Éducation*. Gérard-Gailly, René Descharmes et René Dumesnil, éminents flaubertistes, nous ont livré là-dessus tous les détails possibles.

C'est peut-être le roman dans lequel Flaubert se livre de la façon la plus globale, la plus étendue, mais tout en se refusant absolument à la confidence, à la pure transcription du vécu, de sentiments personnels et de souvenirs. On sait à peu près tout, aujourd'hui, du coup de foudre qu'il éprouva, l'été de 1836 à Trouville, alors qu'il fit la connaissance d'Élisa Schlesinger ; de la passion secrète dont il brûla toute sa vie pour elle. Mais cette passion chaste, s'il en fait le fond secret de son livre, il la réinventera en se l'appropriant, il la dépassera, elle deviendra vraiment sienne.

C'est ainsi que *l'Éducation sentimentale* s'enracine dans l'impossible amour, dans la passion à vide que Flaubert a vécue jusqu'à la fin de sa vie. En vérité, il ne se délivre pas alors de son amour obsédant : il le cerne mieux, il le découvre dans une perspective plus juste — où tout doit servir — il consent à ce que cet amour n'ait peut-être jamais été partagé. Mais tout cela intéresse d'abord les généticiens de l'œuvre.

Nous nous attachons ici aux problèmes de la forme, c'est-à-dire au sens profond du roman, à ce qui le fait *tenir ensemble,* d'après l'éclairage de la critique actuelle. Flaubert est certainement, avec quelques autres, le romancier dont l'œuvre appelle le plus une telle relecture, à cause de sa modernité absolue et parce qu'il est le premier à avoir posé la question de la mise en forme du roman, au sens où on l'entend aujourd'hui. Mais Jean-Paul Sartre, dans son étude monumentale sur Flaubert, ne prétend dresser qu'une biographie totale du romancier ; Jean Rousset et Gérard Genette nous ont donné pour leur part des pages extrêmement éclairantes sur l'écriture flaubertienne, et l'étude thématique de Jean-Pierre Richard constitue une approche éminemment pertinente de cette œuvre. Mais ce ne sont jamais que de brefs passages, parfois un chapitre, dans des études d'ensemble comme *Forme et signification, Figures* ou *Littérature et sensation.* Et le plus souvent ces critiques s'attachent encore surtout à *Madame Bovary.*

L'Éducation sentimentale est le roman de la passion inactive, selon l'expression même de Flaubert, ou encore un roman non romancé, comme l'a justement vu Banville en 1880. Cette œuvre où rien n'arrive, sur l'absence de réalisation, sur le manque à vivre, sur l'échec de tout, est une œuvre organisée : c'est le fonctionnement de cet organisme qu'il s'agit pour nous de mettre en lumière. Cette lecture ne repose pas sur une méthode rigide, définie à l'avance et qu'il n'y aurait plus qu'à appliquer au roman. Refusant tout système, nous avons plutôt choisi d'aborder ce récit à l'aide des seules données de l'intuition, de la sensation et de la perception, d'une sorte de sympathie profonde pour tout dire. Chaque œuvre exige une approche particulière, dont l'ambition ultime est que le texte *se dise,* que le récit *se récite,* de lui-même.

Dans une démarche qui doit nous conduire de la surface de l'œuvre jusqu'au cœur même de sa forme, toute lecture de *l'Éducation sentimentale* doit nous faire vaincre, d'abord, une opacité d'objets et de matières que Flaubert accumule comme par passion de l'inutile, du superflu. Une espèce de fureur cosmique le pousse à avaler le monde et, selon le cri final de saint Antoine, à « pénétrer chaque atome, descendre jusqu'au fond de la matière, — être la matière ». Mais pourquoi cette rage ? et pourquoi veut-il faire sentir « presque matériellement » les choses qu'il reproduit ? Quel est le sens de jeux d'accessoires comme les vêtements, les chaussures, la chevelure (voies du fétichisme) ? Et pourquoi les objets privilégiés (fétiches, reliques) ? Nous abordons ainsi le roman de Flaubert dans sa dimension la plus extérieure, la plus proche, celle des objets, des données immédiatement perceptibles, pour essayer d'en saisir le sens et l'organisation.

Puis, dans un second temps, une autre série de questions se pose à nous : quelle est l'architecture thématique de *l'Éducation sentimentale ?* Au-delà de l'histoire d'amour sur fond d'histoire de la révolution de 48, quelle est vraiment cette éducation, de quel apprentissage Flaubert veut-il faire le récit ? Et comment les thèmes sont-ils orchestrés, en quels tons ? Autant de problèmes qui doivent nous amener à considérer ensuite le temps et l'espace de la progression interne, les rythmes du développement (ou de la construction dynamique) de l'œuvre.

Nous en viendrons enfin à définir les schèmes structurels proprement dits, l'architecture totale du roman. Comment *l'Éducation sentimentale* tient-elle ensemble, comment ses parties sont-elles articulées entre elles, comment cet organisme forme-t-il un tout cohérent ? Telle est l'interrogation essentielle posée à la fin de cette étude.

I

L'obsession de la matière et des objets

« Un homme pour qui le monde extérieur existe », tel nous apparaît Flaubert. Et les rapports entre les objets et les êtres, la façon dont nous percevons les choses, sont pour lui d'une importance capitale pour exprimer le réel. Sa correspondance contient de très nombreux passages témoignant de cette préoccupation : « J'ai une faculté de perception particulière [1] » ; « J'éprouve des sensations voluptueuses rien qu'à voir, mais quand je vois bien [2]. » Comme l'a noté Georges Poulet, il s'agit de passages capitaux, qui nous montrent bien que l'objectivité est le fruit d'une disposition naturelle de la pensée chez Flaubert.

Ce mouvement naturel de la pensée, ne peut-on y voir, profondément, un désir de pénétrer au cœur même des choses, de se perdre au plus secret du monde ? Le héros de *Novembre,* déjà, éprouvait ce désir de dilatation de l'être à l'échelle cosmique : « [...] l'esprit de Dieu me remplissait, je me sentais le cœur grand, j'adorais quelque chose

1. *Correspondance,* t. III, p. 270.
2. *Ibid.,* t. I, p. 178.

d'un étrange mouvement, j'aurais voulu m'absorber dans la lumière du soleil et me perdre dans cette immensité d'azur, avec l'odeur qui s'élevait de la surface des flots [3]. » Rappel du cri d'Antoine qui s'achève ainsi, dans la version de 1856 : « [...] je voudrais [...] circuler dans la matière, être matière moi-même pour savoir ce qu'elle pense [4]. » Ce désir enivré de communier avec la matière traduit la tendance profonde du retour aux origines, dans « la connivence secrète qui nous unit profondément au monde ». Georges Poulet parle ici de « l'intuition de la vie en son expansion cosmique ». Cette rêverie ramène toujours Flaubert à vouloir vivre les premières heures du monde, quand le chaos prenait forme, dans le remuement gigantesque et la pureté des commencements. Retrouver la création initiale, être le témoin, participer, même, à la mise en forme de l'univers à partir de la substance unique, voilà la vieille nostalgie de Flaubert. Dans la première *Éducation sentimentale,* Jules traduit cette aspiration de la remontée à une Genèse ordonnatrice :

« Il tâchait d'avoir, pour la nature, une intelligence aimante, faculté nouvelle, avec laquelle il voulait jouir du monde entier comme d'une harmonie complète. Il projetait d'étudier la géologie pour se reporter aux époques où les mastodontes, les dinothérium possédaient la terre, alors que, sous des arbres gigantesques, vivaient des serpents monstrueux, quand l'océan se retirait des collines et commençait ses oscillations cadencées dans son grand lit de sable. Il regardait les chênes balançant leurs rameaux et bruissant dans leur feuillage, comme d'autres contemplent les cheveux qui flottent et les lèvres qui tremblent [5]. »

Deux idées nous semblent particulièrement révélatrices dans ce passage : celle des premières oscillations cadencées de la mer, comme si l'on assistait à la naissance même du mouvement, de la vie, d'une sorte de gigantesque respiration de l'univers ; et l'image du balancement des branches et du bruissement des feuillages, comme des

3. *Œuvres,* t. II, p. 495.
4. *Ibid.,* t. I, p. 280.
5. Première *Éducation sentimentale,* Éditions du Seuil, p. 157-158.

cheveux qui flottent et des lèvres qui tremblent. Le monde devient un colossal organisme vivant, dont nous sommes parties infimes, mais auquel l'enthousiasme flaubertien nous voit accordés en ces « moments d'extase où, dans l'union du sentiment intime et de la sensation pure, le moi s'identifie avec l'univers et fait dans l'instant l'expérience de l'éternité [6] ».

Expérience qui s'effectuera également dans la contemplation des parcelles de ce monde, où le moindre indice du réel est aussi important, où le fragment de matière le plus minime est aussi passionnant à observer que le souffle de la mer, que le mouvement universel, parce qu'ils *sont,* parce qu'ils existent. La connivence avec le monde, c'est aussi cette passion des choses, comme si Flaubert s'accrochait désespérément à la matière de crainte d'avoir rêvé le réel et de se retrouver au réveil devant le néant dont l'obsession sera chez lui constante. Les choses représentent une certitude, une évidence : elles sont une assurance, une affirmation. Et Flaubert s'attachera à en scruter tous les détails, à la chasse de toute aspérité, examinant les textures à la loupe, à l'affût des rapports entre les sensations. « Pas si rêveur que l'on pense, je sais voir et voir comme voient les myopes, jusque dans les pores des choses, parce qu'ils se fourent le nez dessus [7]. » Quand il parle des deux bonshommes qu'il trouve en lui, le premier épris de lyrisme et de « gueulades », il insiste sur l'autre, « qui fouille et creuse le vrai tant qu'il peut, qui aime à accuser le petit fait aussi puissamment que le grand, qui voudrait vous faire sentir presque matériellement les choses qu'il reproduit [8] ».

Dans *l'Éducation sentimentale,* au moment où Frédéric attend Mme Arnoux, rue Tronchet, au rendez-vous manqué, il s'attache au détail des devantures pour meubler cette attente à vide, ces minutes du temps suspendu où il ne vit plus que pour cette rencontre qui n'aura pas lieu ; ces boutiques, ces vitrines, ces gouttières ont une présence tranquille, presque absolue, devant l'incertitude et l'appréhension :

6. Georges Poulet, *Études sur le temps humain,* p. 313.
7. *Correspondance,* t. II, p. 343.
8. *Ibid.,* p. 344.

« Et, par désœuvrement, il examinait les rares boutiques ; un libraire, un cellier, un magasin de deuil. Bientôt il connut tous les noms des ouvrages, tous les harnais, toutes les étoffes. [...] Il considérait les fentes des pavés, la gueule des gouttières, les candélabres, les numéros au-dessus des portes. Les objets les plus minimes devenaient pour lui des compagnons, ou plutôt des spectateurs ironiques ; et les façades régulières des maisons lui semblaient impitoyables [9]. »

Il y a là beaucoup plus qu'une attente à combler, qu'une impatience à calmer ; Frédéric lutte contre le désespoir, contre le vide auquel le renvoie l'absence de Marie Arnoux. Ces livres, ces harnais, les numéros au-dessus des portes, les fentes des pavés affirment leur existence, offrant des repères, et des espoirs, au flottement intérieur et à l'indétermination de Frédéric. De même, au cours de l'épisode où il attend en vain Regimbart dans un café, « [...] il lut tout le Siècle du jour ; et il le relut ; il examina, jusque dans les grains du papier, la caricature du Charivari ; à la fin, il savait par cœur toutes les annonces [10] ».

Besoin de se cramponner aux choses, pour se persuader que le monde existe, et qu'il est partie de ce réel, avec ses sentiments, ses émotions, et ce tremblement d'incertitude qui est lui. Dans une lettre de décembre 1859, Flaubert écrit : « [...] je ne connais rien de plus noble que la contemplation ardente des choses de ce monde [11]. » Cette contemplation aboutit à un échange, à une communication profonde avec l'univers. Il avait déjà adressé à Louise Colet cette phrase, hautement révélatrice de sa conviction profonde : « À force quelquefois de regarder un caillou, un animal, un tableau, je me suis senti y entrer. Les relations entr'humaines [sic] ne sont pas plus intenses. » Et il poursuit en ces mots, qui éclairent toute sa pensée : « Ne sommes-nous pas faits avec les émanations de l'univers [12] ? »

9. Œuvres, t. II, p. 309.
10. Ibid., p. 136.
11. Correspondance, t. IV, p. 357.
12. Ibid., t. III, p. 210.

Cette espèce de transsubstantiation ne s'opère jamais sans douleur : le vertige créé par cette passion de la matière s'avère aussi déchirant que les transes de la recréation : « Le relief vient d'une vue profonde, d'une pénétration de l'objectif ; car il faut que la réalité extérieure entre en nous à nous en faire presque crier, pour la bien reproduire [13]. » C'est grâce à ce transport dans les choses que les objets familiers, les détails du décor existent dans les romans de Flaubert avec autant de force, tellement plus essentiels que chez Balzac, par exemple, où presque tout n'est qu'accessoire, figé à l'avance dans l'inertie de la matière. Les choses, les textures, les frottements de tissus, les tons, les odeurs, l'ombre et la lumière : tout prend pour Flaubert la couleur et l'importance de la vie, parce que tout est la vie même, meuble les sensations, donne à voir, à entendre, à toucher, à rêver. « Écrire un roman, c'est raconter et laisser raconter l'histoire que les choses suggèrent, la conduire à travers elles. [...] non plus simplement raconter, mais nous faire participer à ce qu'est la vie, nous donner les choses pour ce qu'elles sont, en tant qu'elles nous concernent [14]. »

Avec Flaubert, nous ouvrons les yeux, étonnés, sur des choses que nous voyons *ainsi* pour la première fois, et que nous reconnaissons pourtant. La réalité est signifiée dans les objets comme par transparence, et c'est en eux, par ruse, avec patience, dans la contemplation, qu'il faut la débusquer. Flaubert est persuadé qu'il y a en tout un aspect qui n'a été vu et dit par personne, que la moindre chose contient encore un peu d'inconnu, où se dissimule la vie. Il s'agit seulement d'apprendre à bien regarder ; non pas regarder autrement, mais *mieux* que tous ceux qui ont regardé le monde avant nous.

Nous découvrons ainsi dans les romans de Flaubert une multitude d'objets porteurs de sens insoupçonné, aussi essentiels que les personnages mêmes, et qui confèrent à la trame psychologique ou historique une dimension et un relief saisissants. Un vêtement, un bibelot quelconque

13. *Correspondance,* t. III, p. 269.
14. Geneviève Bollème, *la Leçon de Flaubert,* p. 135.

peuvent ainsi nous révéler un état d'âme, une pensée. Ce procédé s'explique aisément si l'on pense à la vision animiste que
Flaubert avait du monde. Pour lui, les objets ont véritablement une âme, ils conservent la trace des sentiments et des
émotions de ceux à qui ils ont appartenu. Les choses contiennent une part des êtres, qui leur confère une sorte de vie
autonome, mais toute imprégnée de la présence de ces êtres.
Et Flaubert est à la recherche de l'être des choses. Il écrivait
à Ernest Chevalier, en 1846 : « N'aimons-nous pas à retrouver
sur les gens, et même sur les meubles et les vêtements, quelque chose de ceux qui les ont approchés, aimés, connus, ou
usés [15] ? »

Dès sa première apparition dans le ro-
man, chacun des personnages de l'Éducation est annoncé par
un objet qui le symbolise : l'album que Frédéric tient sous son
bras, livre inutile que l'on n'ouvrira pas, et qui préfigure toute
une vie stérile ; l'ouvrage de broderie auquel est occupée Marie
Arnoux, Pénélope résignée qui attendra jusqu'à la fin l'amour
offert auquel elle se refuse pourtant ; les deux coffres-forts dans
la petite pièce où travaille le banquier Dambreuse ; le coupé
bleu de Mme Dambreuse, d'où s'échappe un parfum d'iris « et
comme une vague senteur d'élégances féminines [16] » : autant
d'accessoires qui désignent les êtres auxquels ils appartiennent,
qui les annoncent. Flaubert donne des choses à voir et à rêver,
qui sont des prolongements de ses personnages, vivant un peu
de leurs espoirs, de leurs attentes, de leurs préoccupations, de
leur vie même. Ces choses nous renvoient à la pure sensation
dans une existence vague, diffuse, où tout est dans tout. Et, à
la fois, ces objets nous concernent, en ce qu'ils nous ramènent
au souvenir. Le réel, pour Flaubert, réside dans ce rapport
mystérieux entre la sensation et le souvenir : c'est précisément
ce rapport qu'il veut cerner, qu'il veut dire.

Au nombre de ces objets-témoins dans
l'Éducation sentimentale, il faut distinguer d'abord ceux qui
tiennent aux êtres de façon immédiate : les vêtements, les chaussures, la chevelure ; et les objets indépendants mais chargés

15. Correspondance, t. I, p. 207.
16. Œuvres, t. II, p. 51.

de présence, et dont la possession comble l'absence de la personne aimée.

De façon naturelle, Flaubert s'intéresse au vêtement féminin. Bien entendu, Marie Arnoux, Mme Dambreuse, Rosanette ou Louise Roque n'ont pas les mêmes robes ; leurs toilettes ne répondent pas uniquement à certains accords psychologiques faciles, ou à de simples normes sociales : la couleur, les tissus, la façon même annoncent non seulement leur caractère, leur rang, leur fortune, mais de façon beaucoup plus essentielle, une sorte de décision proprement subconsciente qui prolonge leur être profond en le désignant déjà clairement à nos yeux et par avance, dès qu'elles paraissent. On peut dire que le vêtement *est* le personnage, qu'il est *déjà* le personnage. C'est sans doute ce que Flaubert voulait exprimer à Louise Colet, dans une lettre de 1854 : « N'y a-t-il pas des toilettes décentes, n'y en a-t-il pas de libidineuses comme d'élégiaques, et d'émoustillantes ? De quoi cet effet-là dépend-il ? D'un *rapport exact,* qui vous échappe, entre les traits et l'expression du visage et l'accoutrement [17]. » En ce sens, si l'on songe par exemple à Rosanette, on la trouve presque toujours en robe claire, légère, ouverte, en déshabillé. Il y a là plus que la femme facile, et qui s'offre : une sorte de naïveté, de candeur. Malgré le tourbillon de mensonges dans lequel elle s'enfonce, Rosanette conserve toujours cette sorte d'innocence et de légèreté de l'enfance qu'elle n'a pas eue.

On ne voit qu'à deux reprises, par ailleurs, Marie Arnoux vêtue de clair. Sur le bateau de Montereau d'abord, lorsqu'elle *apparaît* à Frédéric pour la première fois : « Sa robe de mousseline claire, tachetée de petits pois, se répandait à plis nombreux [18]. » La deuxième fois, beaucoup plus tard, dans la rue à Paris : « Le soleil l'entourait ; — et sa figure ovale, ses longs sourcils, son châle de dentelle noire, moulant la forme de ses épaules, sa robe de soie gorge-de-pigeon, le bouquet de violettes au coin de sa capote, tout lui parut d'une splendeur extraordinaire [19]. » Ces deux rencontres

17. *Correspondance,* t. IV, p. 22 (souligné par Flaubert).
18. *Œuvres,* t. II, p. 37.
19. *Ibid.,* p. 291.

ont lieu dans la foule, en pleine lumière, et le vêtement ne remplit alors que sa première fonction : il habille, il dessine même le corps que l'on n'a pas besoin de taire puisqu'il n'est pas en danger. Dans les *Mémoires d'un fou,* cela pouvait même aller jusqu'à provoquer une certaine impudence du regard qui scrute le corps presque nu :

« Chaque matin, j'allais la voir baigner ; je la contemplais de loin sous l'eau, j'enviais la vague molle et paisible qui battait sur ses flancs et couvrait d'écume cette poitrine haletante, je voyais le contour de ses membres sous les vêtements mouillés qui la couvraient, je voyais son cœur battre, sa poitrine se soulever [20]. »

Nous sommes loin de la robe de mousseline claire, et de la robe de soie gorge-de-pigeon. Plus, il s'agit de couleurs exceptionnelles dans l'habillement de Marie Arnoux. Hors ces deux occasions, nous ne la verrons jamais que vêtue de sombre, de robes dont les plis, l'ajustement, paraissent infranchissables, comme une sorte de défense, de frontière [21].

Depuis les premières visites de Frédéric à l'Art industriel, où il ne voit que le bas d'une robe disparaître derrière une porte qu'on referme (est-ce bien elle ?...), jusqu'à l'ultime rencontre, Marie Arnoux, après n'avoir été qu'entrevue, s'abritera toujours derrière l'écran de ses robes brunes ou noires, qui ne laissent rien deviner du corps, et qui imposent une contrainte de plus au désir de Frédéric : « [...] il ne pouvait se la figurer que vêtue, — tant sa pudeur semblait naturelle, et reculait son sexe dans une ombre mystérieuse [22]. » Fin novembre 1842, après le long été solitaire à Paris, Frédéric revoit enfin Marie Arnoux, et comme elle sort pour faire une course, il lui offre de l'accompagner : « Elle se leva, ayant une course à faire, puis reparut avec une capote de velours, et une mante noire, bordée de petit-gris. » Et, poursuit Flaubert, « [...] il sentait à travers la ouate du vêtement la forme de son

20. *Œuvres,* t. II, p. 464-465.
21. Dans son chapitre « La découverte du corps dans les romans de Flaubert », Roger Kempf étudie de façon très éclairante cette « nuit du corps » chez Marie Arnoux (*Sur le corps romanesque,* p. 117).
22. *Œuvres,* t. II, p. 101.

bras [23] ». Contact indirect à travers la ouate qui isole, ou qui enveloppe un objet précieux. Et encore une fois la couleur noire du deuil, du respect, de l'éloignement, la mante qui dissimule et estompe le détail des formes.

Plus tard, au printemps de 1843, revenant de la fête à Saint-Cloud, Frédéric et Marie sont ensemble dans la voiture, côte à côte : « La voiture roulait [...] et les seringas débordaient les clôtures des jardins, envoyaient dans la nuit des bouffées d'odeurs amollissantes. Les plis nombreux de sa robe couvraient ses pieds [24]. » C'est la nuit, qui dissimule le corps, qui écarte, loin de favoriser la complicité d'un contact (la main, grande ouverte, de Frédéric, « s'imaginant qu'elle allait faire comme lui, peut-être »). Et contre l'amolissement des bouffées d'odeurs, les plis nombreux de sa robe qui couvrent jusqu'aux pieds : encore une fois la robe *dérobe* le corps, le taît, le contredit.

Au début de la seconde partie du roman, quand Frédéric retourne à Paris et qu'il retrouve les Arnoux rue Paradis-Poissonnière, « Mme Arnoux avait une robe de chambre en mérinos gros bleu [25] ». Avril 1847, elle vient chez Frédéric le prier d'intercéder auprès du banquier Dambreuse à propos d'une échéance à remettre : « Elle portait une robe de soie brune, de la couleur d'un vin d'Espagne, avec un paletot de velours noir, bordé de martre ; cette fourrure donnait envie de passer les mains dessus, et ses larges bandeaux, bien lissés, attiraient les lèvres [26]. » Là encore la souplesse des tissus (soie, velours) est démentie par la couleur (brun et noir), et même la fourrure et les cheveux n'appellent qu'une caresse déférente, une vénération d'idole, du bout des lèvres et des doigts. De même, l'automne passé à Auteuil (1847), alors qu'elle lui donnera une de ses paires de gants, puis un mouchoir (substituts, fétiches), « Pendant toute la saison, elle porta une robe de chambre en soie brune, bordée de velours pareil, vêtement large convenant à la mollesse de ses attitudes et à sa physiono-

23. *Œuvres,* t. II, p. 99.
24. *Ibid.,* p. 117.
25. *Ibid.,* p. 139.
26. *Ibid.,* p. 217.

mie sérieuse [27] ». L'intimité et l'indolence auxquelles devrait inviter la robe de chambre, vêtement d'intérieur, familier, sont refoulées par la couleur sombre, accordée à la physionomie sérieuse de Mme Arnoux. Beaucoup plus tard, enfin, lors du dîner Dambreuse, « Elle portait une robe de barège noir [28] ».

La seule fois où Frédéric la surprend en tenue légère, elle le repoussera sans pitié, et la conversation le laissera même dans le désespoir. C'est lors de la visite à la fabrique de Creil.

« [...] enfin, parvenu au second étage, il poussa une porte. Mme Arnoux était seule, devant une armoire à glace. La ceinture de sa robe de chambre entr'ouverte pendait le long de ses hanches. Tout un côté de ses cheveux lui faisait un flot noir sur l'épaule droite ; et elle avait les deux bras levés, retenant d'une main son chignon, tandis que l'autre y enfonçait une épingle. »

Image troublante, de la femme à sa toilette, qui suggère l'abandon, l'intimité (pensons à Rosanette dans une posture semblable). Et encore, Frédéric n'a vu qu'une image reflétée dans la glace. « Elle jeta un cri, et disparut. Puis elle revint correctement habillée [29]. » Correctement, c'est-à-dire vêtue d'une robe sombre. « Cette robe, se confondant avec les ténèbres, lui paraissait démesurée, infinie, insoulevable ; et précisément à cause de cela son désir redoublait [30]. » Mais plus le désir s'accroît, plus la défense paraît absolue, cette exacerbation de l'attente commandant toujours la terreur de la profanation.

Lors de leur dernière entrevue, « vers la fin de mars 1867, à la nuit tombante, comme il était seul dans son cabinet », elle lui apparaît « dans la pénombre du crépuscule », et « il n'apercevait que ses yeux sous la voilette de dentelle noire qui masquait sa figure [31] ». Près de trente ans ont passé depuis l'apparition en robe de mousseline claire sur

27. *Œuvres,* t. II, p. 303.
28. *Ibid.,* p. 373.
29. *Ibid.,* p. 225.
30. *Ibid.,* p. 230.
31. *Ibid.,* p. 449.

le bateau de Montereau, mais rien n'a eu lieu ; et Frédéric voit
son désir ranimé en sentant « à travers ses vêtements le contact
indécis de tout son corps [32] ». Ce contact indécis est celui-là
même de Frédéric avec la vie, avec son propre destin : défaut
de netteté, « défaut de ligne droite ». Et la fin du vêtement
signifie la mort des êtres : une fois supprimé cet intermédiaire
qui était un tampon, qui prévenait le contact direct et brutal
avec la vie, c'est la fin des compromis, des temporisations.
Dans l'étude citée plus haut, Roger Kempf définit de façon
très juste cette importance primordiale du vêtement [33].

De même que Frédéric ne pouvait se
figurer Marie Arnoux que vêtue, de même il lui est impossible
de vivre autrement que par procuration, et comme à distance
de lui-même et du réel. Il a besoin qu'un mur de brouillard
ou de rêve l'isole de la nudité de la vie. Et au moment où le
brouillard se dissipe, et quand l'écart entre la vision et la
réalité est aboli, c'est la fin de l'Éducation sentimentale : la fin
de l'éducation de Frédéric Moreau. Le meilleur est désormais
en arrière : l'apprentissage de la vie, les années d'attente et
d'espoir.

On pourrait mentionner un autre vête-
ment, entre Marie Arnoux et Rosanette : le châle de cachemire
commandé par Arnoux pour la Maréchale, et celui que Marie
apporte à réparer à la même boutique, où elle apprend cet
achat. Il s'agit davantage d'un nouvel élément de confusion
entre les deux femmes pour Frédéric, comme les deux calottes
en velours d'Arnoux, qui traînent sur les fauteuils dans les
deux appartements.

---

32. Œuvres, t. II, p. 452.
33. « [...] que le vêtement efface pour interdire ou s'efface pour laisser
voir, qu'il ait pour fonction d'entretenir ou d'allumer le désir, toujours il pactise avec le corps. Bien plus, il y adhère si intimement
qu'on ne saurait les séparer sans dommage. Dans Madame Bovary
comme dans l'Éducation sentimentale, la banqueroute, épiloque
funèbre, se traduit par le démembrement d'une garde-robe. [...] La
profanation — jupons, chemises passant de main en main et re-
tournés comme on retourne une peau — se double d'un assassinat.
La mise à nu équivaut à une mise à mort. Comment le corps pour-
rait-il survivre hors de l'enveloppe qui le protégeait ? » (Roger
Kempf, Sur le corps romanesque, p. 118).

Qu'en est-il par ailleurs du vêtement de Rosanette et de Mme Dambreuse ? Alors que chez Marie Arnoux il taisait le corps, reculant et niant la possession, et jusqu'à l'idée même de toute tentative de familiarité, le costume de Rosanette constitue une invite, il en fait une offrande presque constante. Rosanette apparaît toujours dans sa vérité, de façon ingénue, et, peut-être, inconsciente. La provocation de sa toilette est souvent plus involontaire qu'il n'y paraît. Qu'elle reçoive Frédéric « enveloppée dans une sorte de peignoir en mousseline blanche garnie de dentelle, pieds nus dans des babouches [34] », ou encore « habillée d'une veste de satin rose, avec un pantalon de cachemire blanc, un collier de piastres, et une calotte rouge entourée de jasmin [35] », il s'agit pour elle d'un jeu vestimentaire, d'un déguisement : nous l'avons aperçue la première fois lors du bal masqué, chez elle, en costume de dragon Louis XV. Et quand, avec Frédéric, elle défait sa veste à cause de la chaleur, qu'elle n'a plus alors autour des reins que sa chemise de soie et qu'elle incline la tête sur son épaule « avec un air d'esclave plein de provocations », elle « fait » l'esclave orientale.

Son état de femme entretenue constitue aussi une sorte de faux-semblant : elle n'aspire à rien tant qu'à la stabilité du mariage et à la maternité. Il n'y a qu'à penser à sa joie lors de la naissance de l'enfant qu'elle a de Frédéric ; elle est « comme submergée sous les flots d'amour » qui l'étouffent ; puis à son angoisse pendant la maladie du bébé, et à son désespoir quand il meurt. Du reste, la dernière image que nous en livre Flaubert est celle de la « veuve d'un certain M. Oudry » qui a adopté un petit garçon. Néanmoins, tout son costume habituel est chargé du pouvoir de séduction que Flaubert prêtait à certains détails du vêtement féminin.

Les volants d'une robe qui battent contre la jambe de Frédéric, le « pétillement » d'une robe de soie qui l'enflamme, ces froissements de tissu excitent son imagination, en rappelant le bruissement des vêtements qu'on ôte, et que l'on retrouve si fréquemment dans les romans de Flaubert

---

34. *Œuvres*, t. II, p. 161.
35. *Ibid.*, p. 288.

et dans sa correspondance. « Je suivais sa trace à l'angle d'un long mur, et le frôlement de ses vêtements me faisait palpiter d'aise [36] » ; « Je vois encore leur robe de soie onduler brusquement sur leurs talons en bruissant [37] » ; « [...] ô belles femmes triomphantes ! La grâce et la corruption respirent dans chacun de vos mouvements, les plis de vos robes ont des bruits qui nous remuent jusqu'au fond de nous [38] » ; « [...] sa robe de satin craquait sous mes doigts avec un bruit d'étincelles [39]. »

Flaubert est extrêmement sensible à ces bruits ténus annonciateurs de la jouissance. Il écrit à Louise Colet, en 1846 : « Oui, souvent il me semble entendre derrière moi le froufrou de ta robe sur mon tapis. Je tressaille et je me retourne au bruit de ma portière que le vent remue comme si tu entrais [40]. » Déjà en 1842, dans une lettre à Ernest Chevalier, faisant allusion à un prochain voyage à Paris : « Ce qui me semble le plus beau de Paris, c'est le boulevard. Chaque fois que je le traverse, quand j'arrive le matin, j'éprouve aux pieds une contraction galvanique que me donne le trottoir d'asphalte sur lequel, chaque soir, tant de putains font traîner leurs souliers et flotter leur robe bruyante [41]. » Ces bruits reviennent également dans la première *Éducation sentimentale* : « Elle ouvrit la porte prestement, sa robe siffla dans le courant d'air [...]. Il pensa à toutes les choses qui lui vinrent dans la tête, mais surtout au bruit que font les jupons des femmes quand elles marchent, et au craquement de leurs chaussures sur le parquet [42]. » Flaubert précise encore : « [...] dans sa marche rapide, sa bottine craquait avec mille séductions [43].» Et quand Mme Renaud vient voir Henry dans sa chambre : « [...] elle entra sur la pointe des pieds, doucement, sans bruit ; je la reconnus néanmoins au craquement de ses bottines [44]. »

36. *Mémoires d'un fou, Œuvres*, t. II, p. 465.
37. *Ibid.*, p. 472.
38. *Novembre, Œuvres*, t. II, p. 497.
39. *Ibid.*, p. 505.
40. *Correspondance*, t. I, p. 237.
41. *Ibid.*, p. 106.
42. Première *Éducation sentimentale*, Éditions du Seuil, p. 35.
43. *Ibid.*, p. 26.
44. *Ibid.*, p. 114.

Ces bruissements évoquant le corps qui se dénude et l'acte sexuel, parlent davantage à l'imagination, et de façon plus subtile, que toutes les descriptions de personnages en train de se dévêtir ; de même que la seule suggestion d'un événement, dans les romans de Flaubert, est plus lourde de possibles à éclore que le récit détaillé de l'événement lui-même. Nous touchons à l'un des aspects importants de l'art romanesque de Flaubert. Il nous conduit au seuil d'une action, d'un fait ; puis, de façon insensible, et comme pudiquement parfois, la cadence redevient large, générale, souvent sur une évocation du paysage ou du temps qu'il fait. Flaubert désamorce l'événement, laissant au récit des préparatifs et des attentes le soin d'entraîner et de stimuler l'invention. C'est ce qu'il appelle s'intéresser à ce qui se passe quand il ne se passe rien : ces froissements de tissus, ces chaussures qui craquent, glissent dans le moment où rien ne se passe encore, mais cet instant emplit l'imagination et prend toute la place de ce qui arrive quand il se passe quelque chose — qui ne nous intéresse plus vraiment, parce que cela est résolu à l'avance, se situe en un temps précis, limité, dont on voit déjà la fin.

On peut souligner dès à présent le caractère fétichiste de cette préoccupation, que Jean-Pierre Richard a parfaitement défini, parlant du vêtement [45]. En rapport immédiat avec le costume se situe la chaussure. Ce motif, comme celui de la chevelure ou du regard, est l'un des plus habituels dans l'œuvre de Flaubert, et constitue l'une de ses obsessions les plus marquantes. Très tôt, dès les *Mémoires d'un fou,* on note l'apparition de cet objet-fétiche. Il n'est pas nécessaire de citer

---

45. « [...] protégeant ce qu'on s'interdit d'atteindre, il devient à la fois un obstacle et une indication. [...] Le vêtement devenant comme l'affleurement de cette ombre sacrée, le fétichisme vestimentaire apparaît comme l'une des conséquences les plus normales de l'amour interdit : Marie Arnoux, qui refuse toute sa personne, donne à Frédéric un gant, la semaine d'après un mouchoir ; Léon, dans *Madame Bovary,* dérobe lui aussi un gant d'Emma. Tout se passe comme si le désir essayait de se contenter en collectionnant des signes de ce qu'il lui est défendu d'atteindre. Faute de se laisser absorber par son objet, il se recueille dans la contemplation de ces étoffes, qui sont comme une enveloppe solide grâce à laquelle la chair anonyme devient un corps individuel » (Jean-Pierre Richard, *Littérature et sensation,* p. 184).

longuement les *Trois essais sur la théorie de la sexualité* pour
éclairer ce type de substitution de l'objet sexuel devenu notion
commune depuis Freud. L'objet-fétiche est coupé de son appar-
tenance au corps, mais il constitue une sorte de prolongement
corporel ; il a touché au corps, il en émane (vêtement, chaussure, regard, odeur).

On trouve cette note de 1915 ajoutée par
Freud aux *Trois essais,* et qui détermine le sens profond du
fétichisme du pied et de la chaussure : « Dans certains cas
de fétichisme du pied, on a pu établir que la pulsion de voir,
qui, originairement, recherchait les parties génitales, arrêtée en
route par des interdictions et des refoulements, s'est fixée sur
le pied ou le soulier devenu fétiche[46]. » Une phrase des *Souvenirs notes et pensées intimes* nous en apprend autant sur cette
forme d'obsession chez Flaubert que toutes les allusions con-
tenues dans ses romans, alors que dans un élan de lyrisme
débridé, il s'écrie : « Venez donc, venez donc, âme mystérieuse
sœur de la mienne, je baiserai la trace de vos pas, tu marcheras
sur moi et j'embrasserai tes pieds en pleurant. » Certaines frontières pathologiques sont donc atteintes très tôt, qui s'exprime-
ront encore dans *Novembre* et dans la première *Éducation ;*
que l'on verra précisées dans la correspondance tout au long
de l'étrange liaison avec Louise Colet et, bien entendu, dans
l'Éducation sentimentale de 1869.

Depuis l'étalage d'un cordonnier qui tient
le héros de *Novembre* en extase, et la bottine que l'on découvre
en tendant le pied à la flamme pour se réchauffer, pas une
femme aimée qui n'offre ses pieds ou ses chaussures à la contemplation de l'amoureux transi. Flaubert connaissait Louise
Colet depuis quelques jours qu'il avait déjà certaine paire de
petites pantoufles brunes : « Tes petites pantoufles sont là
pendant que je t'écris ; je les ai sous les yeux, je les regarde ;
[...] je songe aux mouvements de ton pied quand il les emplis-
sait et qu'elles en étaient chaudes[47].» L'objet tient lieu de
présence, suppléant idéal, immobile, disponible, support de

---

46. Freud, *Trois essais sur la théorie de la sexualité,* Paris, Gallimard,
« Idées », 1962, p. 172-173.
47. *Correspondance,* t. I, p. 211.

toutes les imaginations. À la fin d'une autre lettre à Louise Colet :

« Allons, je vais revoir tes pantoufles. Ah ! elles ne me quitteront jamais celles-là ! Je crois que je les aime autant que toi. Celui qui les a faites ne se doutait pas du frémissement de mes mains en les touchant. Je les respire ; elles sentent la verveine et une odeur de toi qui me gonfle l'âme [48]. »

Quelques jours plus tard : « Adieu, je te baise sous la plante des pieds [49]. »

La passion de Frédéric pour Marie Arnoux — mais aussi sa vision de toutes les autres femmes — passe nécessairement par cet intermédiaire érotique. Dès la première rencontre, en descendant du bateau, « [...] tout son voyage lui revint à la mémoire, d'une façon si nette qu'il distinguait maintenant des détails nouveaux, des particularités plus intimes ; sous le dernier volant de sa robe, son pied passait dans une mince bottine en soie, de couleur marron [50] ». À l'Alhambra, on retrouve Frédéric en compagnie d'Arnoux et de la Vatnaz ; et, nous dit Flaubert : « [...] ses yeux s'attachaient involontairement sur le bas de la robe étalée devant lui [51] ». À Saint-Cloud, lors de la fête de Mme Arnoux : « Comme elle descendait les marches, il aperçut son pied. Elle avait de petites chaussures découvertes, en peau mordorée, avec trois pattes transversales, ce qui dessinait sur son bas un grillage d'or [52]. » Les accessoires de la chambre meublée, rue Tronchet, où il espère amener Marie, comprennent une paire de pantoufles en satin bleu. Mme Dambreuse elle-même, au dîner de l'automne 1848, « [...] se tenait, comme d'habitude, un peu en arrière dans son fauteuil, on apercevait la pointe d'un soulier de satin noir [53] ».

C'est lors de la dernière rencontre entre Frédéric et Marie Arnoux que la portée de la représentation

48. *Correspondance,* t. I, p. 234.
49. *Ibid.,* p. 310.
50. *Œuvres,* t. II, p. 41.
51. *Ibid.,* p. 105.
52. *Ibid.,* p. 113.
53. *Ibid.,* p. 378.

fétichiste éclate dans son sens le plus émouvant peut-être, et le plus transparent. Plus de vingt ans ont passé depuis le premier éblouissement, sur le bateau. Et ce soir de mars 1867, alors qu'elle lui apparaît si vieille, avec ses cheveux blancs, il semble que tout soit encore possible : « Leurs mains se serrèrent ; la pointe de sa bottine s'avançait un peu sous sa robe, et il lui dit, presque défaillant : — La vue de votre pied me trouble [54]. » La puissance du symbole n'a pas diminué, au-delà des déceptions, de l'amertume, de la mélancolie, malgré la vieillesse de cette femme ; et Frédéric est repris « [...] par une convoitise plus forte que jamais, furieuse, enragée ».

Le substitut de l'objet sexuel qui revient aussi fréquemment que le pied ou la chaussure dans les romans de Flaubert est sans doute la chevelure, rappel d'une autre toison, dégageant une odeur « forte », selon l'explication traditionnelle de Freud, et qui constitue une sorte d'exutoire à l'amour refoulé des odeurs excrémentielles. *Novembre* nous offre des images de la chevelure comme source de jouissance effective, alors que la caresse des cheveux accompagne les transes amoureuses de l'auto-érotisme :

« [...] le désir sortait de tous mes pores, mon cœur était tendre et rempli d'une harmonie contenue, je remuais les cheveux autour de ma tête, je m'en caressais le visage, j'avais du plaisir à en respirer l'odeur, je m'étalais sur la mousse, au pied des arbres, je souhaitais des langueurs plus grandes [55]. »

Plus tard, le héros de *Novembre* vient chez Marie, la prostituée ; et la chevelure est ici associée à l'eau, alors qu'on y « plonge » le bras, qu'on s'y « baigne » le visage :

« Je touchai à son peigne, je l'ôtai, ses cheveux se déroulèrent comme une onde, et les longues mèches noires tressaillirent en tombant sur ses hanches. Je passais d'abord ma main dessus, et dedans, et dessous ; j'y plongeais le bras, je m'y baignais le visage, j'étais navré. Quelquefois je prenais plaisir à les séparer en deux, par derrière, et à les ramener devant de manière à

54. *Œuvres*, t. II, p. 452.
55. *Ibid.*, p. 499.

lui cacher les seins ; d'autres fois je les réunissais tous en réseau et je les tirais, pour voir sa tête renversée en arrière et son cou tendre en avant, elle se laissait faire comme une morte [56]. »

De la senteur de la chevelure et de celle du pied (les pieds « sales et malodorants » de Freud) à l'odeur des excréments, on remonte à l'odeur de la putréfaction des cadavres, de la charogne, et de l'idée de la décomposition des matières vivantes à l'obsession de la dégradation de tout, à l'obsession de la mort. Les comparaisons de la chevelure avec l'eau, principe de vie — mais aussi possibilité de mort — nous en rapprochent également. Un autre passage de *Novembre,* à caractère assez morbide, nous y ramène précisément :

« J'aime les cheveux. Que de fois, dans les cimetières qu'on remuait ou dans les vieilles églises qu'on abattait, j'en ai contemplé qui apparaissaient dans la terre remuée, entre les ossements jaunes et les morceaux de bois pourri ! Souvent le soleil jetait dessus un pâle rayon et les faisait briller comme un filon d'or ; j'aimais à songer aux jours où, réunis ensemble sur un cuir blanc et graissés de parfums liquides, quelque main, sèche maintenant, passait dessus et les étendait sur l'oreiller, quelque bouche, sans gencives maintenant, les baisait au milieu et en mordait le bout avec des sanglots heureux [57]. »

Il n'y a plus de telles évocations dans *l'Éducation* de 1869, mais les cheveux noirs de Marie Arnoux reviennent constamment, depuis la première vision sur le bateau : « Ses bandeaux noirs, contournant la pointe de ses grands sourcils, descendaient très bas et semblaient presser amoureusement l'ovale de sa figure [58]. » La contemplation devient caresse, par l'intermédiaire de la chevelure : « Il regardait attentivement les effilés de sa coiffure, caressant par le bout son épaule nue [59]. » On y revient dans la discussion des « amis » sur les femmes : « [...] cependant, objecta Frédéric, de longs cheveux noirs, avec de grands yeux noirs... [60] » Lors des dîners

---

56. *Œuvres,* t. II, p. 501-502.
57. *Ibid.,* p. 508-509.
58. *Ibid.,* p. 36.
59. *Ibid.,* p. 80.
60. *Ibid.,* p. 89.

du jeudi, rue de Choiseul : « [...] ses bandeaux étaient plus noirs que le reste de sa chevelure, et toujours comme un peu humides sur les bords [61]. » Plus tard, venant rêver la nuit devant sa maison, et même si aucune des fenêtres extérieures ne dépendent de son logement :

« Cependant il restait les yeux collés sur la façade, — comme s'il avait cru, par cette contemplation, pouvoir fendre les murs. Maintenant, sans doute, elle reposait, tranquille comme une fleur endormie, avec ses beaux cheveux noirs parmi les dentelles de l'oreiller, les lèvres entre-closes, la tête sur un bras [62]. »

Rappelons l'épisode de la visite à la fabrique de Creil, où Frédéric surprend Mme Arnoux à sa toilette : « Tout un côté de ses cheveux lui laisait un flot noir sur l'épaule droite ; et elle avait les deux bras levés, retenant d'une main son chignon, tandis que l'autre y enfonçait une épingle [63]. » L'abandon suggéré par le flot de cheveux sur l'épaule droite est empêché d'avance par le chignon qu'elle enroule en y enfonçant une épingle : le flot remonte à sa source et se fige dans l'immobilité de la coiffure stricte.

On se souvient enfin du heurt en pleine poitrine, quand elle vient le voir la dernière fois, des cheveux blancs qu'il découvre lorsqu'elle ôte son chapeau, et qui marque la fin du rêve. C'est elle qui, au moment de partir, lui demande des ciseaux : « Elle défit son peigne ; tous ses cheveux blancs tombèrent. Elle s'en coupa, brutalement, à la racine, une longue mèche. — Gardez-les ! Adieu [64] ! » Ce sont les cheveux des cimetières de *Novembre,* entrevus dans la terre remuée ou les caveaux éventrés, « entre les ossements jaunes et les morceaux de bois pourri » ; chevelure sur laquelle on ne peut plus que rêver, de façon rétrospective, songer à des épanchements inventés, à des caresses imaginaires.

« On laisse bien des choses aux murs, aux arbres, aux pavés, partout où l'on passe [65]. » « Émanations de

---

61. *Œuvres,* t. II, p. 87.
62. *Ibid.,* p. 108.
63. *Ibid.,* p. 225.
64. *Ibid.,* p. 453.
65. *Correspondance,* t. I, p. 412.

l'univers », nous retournons à la permanence des choses en abandonnant à notre insu aux lieux où nous avons été, aux meubles témoins de notre vie quotidienne, aux objets que notre main a cent fois touchés, une part de notre être profond. « Il y a ainsi dans chaque objet banal de merveilleuses histoires. Chaque pavé de la rue a peut-être un son sublime [66]. » Tout ramène toujours à un passé, à une absence. On en arrive alors à la part de masochisme qu'il y a en Flaubert et dans ses personnages, constamment à la recherche de la réalisation d'un phantasme dans les objets. Nous avons de cette façon deux ensembles de choses : celles qui assurent une présence maintenant, et celles que l'on tend à s'approprier pour s'assurer d'une présence plus tard, et pouvoir en disposer dans l'avenir. Fait important à noter, les êtres ne comptent pour ainsi dire plus, dès qu'on est en possession de l'objet qui, pour nous, en tient lieu.

Dans une lettre à Louise Colet, parlant d'une de ses mitaines qu'elle doit lui faire parvenir : « Si tu pouvais t'envoyer toi-même avec ! Si je pouvais te cacher dans le tiroir de mon étagère qui est là à côté de moi, comme je t'enfermerais à clef [67] ! » Le sens de ce désir est clair : l'objet substitué à l'être est vraiment possédé, j'en dispose absolument : il est là, constamment à portée de main et de regard, contre le vertige de l'absence et du retour au néant. Les choses durent, elles ont une existence plus solide que celle des personnages ; c'est en elles que se prolonge encore un peu ce passage fugitif qu'est la vie.

« Les murs n'ont-ils pas leur magnétisme secret, réfractant sur ce qu'ils contiennent présentement quelque chose de ce qu'ils ont connu jadis ? c'est là le charme immense qui découle des ruines, s'abat sur notre âme, et la tient à penser dans une mélancolie si large et si profonde [68]. »

Ainsi, lorsque Frédéric et Rosanette visitent le château de Fontainebleau :

---

66. *Correspondance*, t. I, p. 260.
67. *Ibid.*, p. 241.
68. Première *Éducation sentimentale*, Éditions du Seuil, p. 193.

« Les résidences royales ont en elles une mélancolie particulière, qui tient sans doute à leurs dimensions trop considérables pour le petit nombre de leurs hôtes, au silence qu'on est surpris d'y trouver après tant de fanfares, à leur luxe immobile prouvant par sa vieillesse la fugacité des dynasties, l'éternelle misère de tout [69]. »

L'éternelle misère, c'est celle de la chute dans le temps, celle de l'anéantissement dans la mort. Et les réseaux d'objets, les rapports multiples entre les choses et nous constituent une tentative pour conjurer l'absence de l'être aimé — et donc la solitude — en même temps qu'ils nous rassurent contre l'utime absence de la mort.

Nous avons parlé de deux catégories d'objets, qui tendent à établir l'être hors d'une durée, d'une limite, ou dont la possession signifie une assurance contre le vide et l'absence. Dans les *Mémoires d'un fou,* il y a ce signe très présent, l'image même de la fuite des êtres, et dont la disparition amène le désespoir, puisqu'il ne reste même plus alors la trace, la manifestation, cette empreinte qui disait le passage de la femme aimée : « [...] je contemplais machinalement son pied se poser sur le sable, et mon regard restait fixé sur la trace de ses pas, et j'aurais pleuré presque en voyant le flot les effacer lentement [70]. »

Il est des supports plus solides, de ceux que l'on enferme à clef et qui ne peuvent échapper au désir, que l'on maîtrise entièrement, comme ce mouchoir de Louise Colet : « O Louise ! [...] si jamais vient à t'aimer un pauvre enfant qui te trouve belle, un enfant comme je l'étais, ne le repousse pas, donne-lui seulement ta main à baiser ; il en mourra d'ivresse. Perds ton mouchoir, il le prendra et il couchera avec ; il se roulera dessus en pleurant [71]. » Ainsi Flaubert, le soir venu quand il est seul, ouvre le tiroir de son étagère : « [...] j'en tire mes reliques que je m'étale sur ma table » : les petites pantoufles, le mouchoir, la mèche de cheveux. Louise Colet est là toute entière, et mieux encore que si elle apparaissait

69. *Œuvres,* t. II, p. 353-354.
70. *Ibid.,* p. 465.
71. *Correspondance,* t. I, p. 250.

soudain à la porte du cabinet : sans faille, sans pensées secrètes, sans l'incertitude de la vie. Il ne reste que le tremblement de l'imagination, il n'y a de place que pour le seul désir absolu auquel ces reliques ne peuvent faire défaut.

Même les choses que l'idole n'a fait qu'effleurer, le tapis que ses pieds ont à peine marqué, en demeurent comme sacralisées, puisqu'il flotte ensuite dans ces pièces où elle est venue le parfum de son passage, « la caresse de sa présence ». Quand Marie Arnoux vient rendre visite à Frédéric, le priant d'intercéder auprès du banquier Dambreuse : « Elle resta debout, examinant le trophée de flèches mongoles suspendu au plafond, la bibliothèque, les reliures, tous les ustensiles pour écrire ; elle souleva la cuvette de bronze qui contenait les plumes ; ses talons se posèrent à des places différentes sur le tapis. [...] Quand il fut remonté dans son cabinet, il contempla le fauteuil où elle s'était assise et tous les objets qu'elle avait touchés. Quelque chose d'elle circulait autour de lui. La caresse de sa présence durait encore. « Elle était donc venue là ! » se disait-il [72]. »

Cette émanation qui circule encore vaguement imprègne les choses que Marie a touchées, leur conférant une sorte de caractère divin, de pouvoir magique : celui d'assurer — dans l'imagination — la possession de l'être aimé. Il en va de même quand elle donne à Frédéric ses gants, un mouchoir, ou bien quand elle lui rapporte, à la fin, la somme dont les terrains de Belleville devaient répondre, dans un petit portefeuille grenat qu'elle a brodé à son intention, tout exprès. Comme le porte-cigares que Charles Bovary trouve sur le chemin du retour après le bal de la Vaubyessard, et sur lequel Emma s'étendra en longues rêveries : « On avait brodé cela sur quelque métier de palissandre [...]. Un souffle d'amour avait passé parmi les mailles du canevas ; [...] et tous ces fils de soie entrelacés n'étaient que la continuité de la même passion silencieuse [73]. »

Comme si l'être aimé s'était transsubstantié en cet objet par le geste même et l'intention, de sorte

72. *Œuvres,* t. II, p. 218-219.
73. *Ibid.,* t. I, p. 377.

qu'il n'y a plus à la fin pour le destinataire que la certitude de tenir, de posséder totalement cet être. Ces marques palpables, ces signes tangibles suffisent au désir.

Ces objets inépuisables, parce qu'ils ne parlent d'abord qu'à l'imagination, et rassurants parce qu'on a sur eux tout pouvoir (et surtout celui de les enfermer à clef, de les savoir sûrement à soi), sont limités par leur matière même ; et le besoin se fait bientôt sentir d'en multiplier le nombre, de les accumuler pour répondre au désir qu'ils satisfont toujours sans jamais l'assouvir. Frédéric, dès la première vision de Mme Arnoux, sur le bateau, « [...] souhaitait connaître les meubles de sa chambre, toutes les robes qu'elle avait portées [...] ; et le désir de la possession physique même disparaissait sous une envie plus profonde, dans une curiosité douloureuse qui n'avait pas de limites [74] ».

Cette curiosité, cette inquiétude à l'idée que l'être aimé puisse vous échapper malgré tout à cause de ce qu'on ignore de lui, tout ce qui peut faire défaut, la part de mystère que l'on devine en tout être, explique le besoin de multiplier le nombre de ces objets-fétiches. Croyant que Marie Arnoux lui appartiendra davantage en ayant d'elle d'autres signes, d'autres marques, d'autres traces, Frédéric demande encore des objets de réserve, qu'il s'approprie pour l'avenir, croyant ainsi qu'il emporte vraiment — et de façon toujours plus totale — cet être qui résiste, comme indifférent.

Tout ce qui émane de Mme Arnoux prend une valeur infinie : « [...] sa bouche demeurait entre-close comme pour donner son âme. Quelquefois elle appuyait dessus fortement son mouchoir ; il aurait voulu ce petit morceau de batiste tout trempé de larmes [75]. » De même, quand il vient la première fois à la faïencerie de Creil : « [...] comme il cherchait son regard, Mme Arnoux, afin de l'éviter, prit sur une console des boulettes de pâte, provenant des ajustages manqués, les aplatit en une galette, et imprima dessus sa main. — Puis-je emporter cela ? dit Frédéric [76]. » Emporter une empreinte :

74. *Œuvres*, t. II, p. 37.
75. *Ibid.*, p. 199.
76. *Ibid.*, p. 227-228.

s'approprier non pas sa main, non pas un morceau de Marie Arnoux ; mais un geste, un souffle, un moment fugitif fixé dans la plaque de glaise : arrêter le temps, et l'enfermer dans le tiroir aux reliques, le libérer à volonté et pouvoir toujours l'arrêter, sans l'épuiser, sans qu'il en soit perdu un seul instant.

Autre tentative pour « emporter tout », au moment de se séparer à jamais, quand Mme Arnoux va chez Frédéric pour la dernière fois : « [...] elle se mit à regarder les meubles, les bibelots, les cadres, avidement, pour les emporter dans sa mémoire [77]. » Plus sûrement que l'image mouvante, vivante et incertaine de Frédéric, le souvenir de ces choses sera pour elle la mémoire de Frédéric, son reflet exact ; les objets et les décors restent mieux gravés en nous que le visage changeant des êtres. De même Léon Dupuis, au moment de quitter Emma : « Il jeta vite autour de lui un large coup d'œil qui s'étala sur les murs, les étagères, la cheminée, comme pour pénétrer tout, emporter tout [78]. » Voilà ce besoin d'accumuler les signes, les preuves de l'être aimé, à l'infini, puisque le moindre objet portant sa marque invisible et secrète qui échapperait à cette collection serait la faille par laquelle tout peut s'écouler : ne pas disposer de tout c'est ne posséder rien.

De la même façon l'univers s'écroule quand le décor est dispersé, à la vente Arnoux. C'est la mémoire disloquée, la désagrégation d'une cohérence qui seule assurait encore le pouvoir de reconstituer en imagination l'être morcelé, fragmentaire. Entraîné par Mme Dambreuse à l'hôtel des ventes, Frédéric est forcé d'assister à l'effondrement de ce monde familier auquel il pouvait encore attacher une vision, et dans lequel il pouvait encore imaginer Marie Arnoux. Comme la dispersion de ses vêtements équivaut pour lui à une mise à mort (« le partage de ces reliques, où il retrouvait confusément la forme de ses membres, lui semblait une atrocité, comme s'il avait vu des corbeaux déchiquetant son cadavre [79] »), la vente de ses meubles confirme l'écroulement du rêve. Ces objets qui vivaient encore un peu de la chaleur, de la présence de Marie

77. Œuvres, t. II, p. 450.
78. Ibid., t. I, p. 433.
79. Ibid., t. II, p. 443.

Arnoux, vont être profanés par des mains étrangères, ils échappent à jamais à l'univers magique dont Marie était le centre vital. Et un peu de Frédéric se détache de lui-même avec chaque meuble adjugé, il se dissout dans l'écroulement de ce monde qui retourne à la mer de l'indifférence, de l'anonymat :

« Ainsi disparurent, les uns après les autres, le grand tapis bleu semé de camélias, que ses pieds mignons frôlaient en venant vers lui, la petite bergère de tapisserie où il s'asseyait toujours en face d'elle quand ils étaient seuls, les deux écrans de cheminée, dont l'ivoire était rendu plus doux par le contact de ses mains ; une pelote de velours, encore hérissée d'épingles. C'était comme des parties de son cœur qui s'en allaient avec ces choses ; et la monotonie des mêmes voix, des mêmes gestes, l'alourdissait de fatigue, lui causait une torpeur funèbre, une dissolution [80]. »

La profanation la plus tragique a lieu au moment où le coffret Renaissance, à fermoirs d'argent, est mis aux enchères. Ce coffret qu'on n'a jamais vu que fermé, qui est tout le symbole du mystère de cet être refusant jusqu'à la fin l'amour offert. Déjà, quand Frédéric l'avait vu chez Rosanette, un premier choc l'avait atteint :

« Il y avait sur la table, entre un vase plein de cartes de visite et une écritoire, un coffret d'argent ciselé. C'était celui de Mme Arnoux ! Alors, il éprouva un attendrissement, et en même temps comme le scandale d'une profanation. Il avait envie d'y porter les mains, de l'ouvrir. Il eut peur d'être aperçu, et s'en alla [81]. »

L'ouvrir, ce serait détruire le mythe dont le culte et la poursuite occupent toute sa vie, comme une croyance soudain désamorcée, comme si le sol se dérobait tout à coup sous ses pas. Le coffret mis en vente, que des mains étrangères vont ouvrir, signifie pour Frédéric la mise au jour des mécanismes profonds qu'il n'a jamais accepté de hausser au niveau de la conscience ; c'est le contraindre à ouvrir enfin les yeux sur la supercherie qui fonde toute sa vie.

80. *Œuvres,* t. II, p. 443-444.
81. *Ibid.,* p. 290-291.

« On posa devant les brocanteurs un petit coffret avec des médaillons, des angles et des fermoirs d'argent, le même qu'il avait vu au premier dîner dans la rue de Choiseul, qui ensuite avait été chez Rosanette, était revenu chez Mme Arnoux ; souvent, pendant leurs conversations, ses yeux le rencontraient ; il était lié à ses souvenirs les plus chers, et son âme se fondait d'attendrissement, quand Mme Dambreuse dit tout à coup : — Tiens ! je vais l'acheter [82]. »

Ne pouvant la dissuader, Frédéric ose le premier geste solide, peut-être, de son existence ; il prend la première décision de sa vie qui soit accordée aux événements sur lesquels il décide enfin d'agir : il rompt avec Mme Dambreuse. Fier d'avoir vengé Mme Arnoux, fût-ce au prix d'une courbature infinie qui va l'accabler, il rentre, « perdu dans les décombres de ses rêves, malade, plein de douleur et de découragement [83] ». La vente du coffret marque bien la fin du dernier lambeau d'espoir auquel il ait tenu, désespérément, jusqu'à ce qu'il ne reste plus la moindre parcelle de rêve et d'illusion. Les choses s'usent, malgré tout, ou finissent par disparaître. Et la valeur dont on les avait chargées s'évanouissant avec elles, il ne reste plus aucun support à son attente : on est renvoyé aux limbes de l'a-signifiance, dans un monde sans pesanteur, sans référence, sans saveur, sans densité.

Flaubert tient aussi au monde sensible par toute une série de notations subtiles, et qui en sont, par excellence, des émanations : les odeurs. Avaler le monde, ce sera être à l'affût des odeurs qui s'en dégagent, ces « vapeurs de vie », ces « vagues senteurs d'élégances féminines ». Les impressions de l'odorat sont un autre signe du réel auquel Flaubert se veut perméable, comme pour se persuader plus profondément de l'existence du monde. Odeurs de la nature, odeurs animales, odeurs de la femme, auxquelles il nous apparaît le plus sensible.

Comme le regard et les larmes, l'odeur est ce qui « sort de », ce qui se dégage, manifestation presque vivante de l'être. « Dis-moi si tu te sers de la verveine, écrit

---

82. *Œuvres*, t. II, p. 444.
83. *Ibid.*, p. 446.

Flaubert à Louise Colet ; en mets-tu sur tes mouchoirs ? Mets-en sur ta chemise. Mais non, ne te parfume pas ; le meilleur parfum c'est toi, l'exhalaison de ta propre nature [84]. » Odeur de vie, odeur de mort : celle des fleurs fanées dont le héros de *Novembre* recouvre la gorge de Marie, la prostituée ; odeur de moisi, dans le pavillon abandonné, à Auteuil, où Marie Arnoux et Frédéric se retrouvent : « Des points noirs tachaient la glace ; les murailles exhalaient une odeur de moisi ; — et ils restaient là... [85] » Voilà bien l'émanation par excellence de cet amour fané avant même d'avoir fleuri, empoussiéré, flétri, passé. Pour Flaubert les odeurs ont une puissance d'évocation particulière, elles véhiculent une part du réel.

Dans *l'Éducation sentimentale* on trouve des odeurs vagues, et toutes féminines (sauf lors de la mise à sac des Tuileries, alors que Hussonnet trouve que « Les héros ne sentent pas bon »). Ces parfums, Frédéric s'en grise, ils lui tournent déjà la tête ; par eux il réinvente la femme, ou sa vision de rêve : ces émanations constituent le fond vaporeux, incertain, sur lequel il projette son rêve amoureux. Sa conception de la femme et de l'amour — ses propres sentiments — sont aussi flous que ces « molles senteurs », que ces « odeurs amollissantes », ces « courants d'air parfumés ».

La première fois qu'il voit Mme Dambreuse, elle va sortir dans son coupé bleu : « [...] il s'échappait de cette petite boîte capitonnée un parfum d'iris, et comme une vague senteur d'élégances féminines [86]. » Pendant le retour de la fête à Saint-Cloud, alors qu'il est assis à côté de Mme Arnoux : « La voiture roulait, et les chèvrefeuilles et les seringas débordaient les clôtures des jardins, envoyaient dans la nuit des bouffées d'odeurs amollissantes [87]. » Lors du bal masqué chez Rosanette, « [...] il resta debout à contempler les quadrilles, clignant les yeux pour mieux voir, — et humant ces molles senteurs de femmes, qui circulaient comme un immense baiser épandu [88] ». Au bal chez les Dambreuse enfin, « [...] un

84. *Correspondance*, t. I, p. 256.
85. *Œuvres*, t. II, p. 303.
86. *Ibid.*, p. 51.
87. *Ibid.*, p. 117.
88. *Ibid.*, p. 148.

courant d'air parfumé circulait sous les battements des éventails [89] ».

Mouvante, fluide, vaporeuse, la femme — la femme aimée — échappe toujours à toute prise, comme un parfum volatil dont les effluves vont et viennent, insaisissables, et pourtant réels. C'est à un rêve de femme que Frédéric Moreau s'attache passionnément ; il ne peut, au mieux, qu'en collectionner des traces, des reliques, dont il fait semblant de se contenter, et qui le satisfont, de moment en moment, à mesure qu'il les ajoute les unes aux autres.

De même que ce n'est qu'à travers des signes sensibles que la rencontre des êtres paraît réalisable, de même on ne peut espérer posséder le monde qu'en s'appropriant la matière. « La vie existe, mais là où il y a couleurs et sons, au dehors, au soleil. Il faut se porter vers elle, y pénétrer ou s'en pénétrer, devenir ce que l'on sent par l'acte même de sentir », comme l'indique Georges Poulet [90]. Flaubert a besoin d'être rassuré, il lui faut palper le monde, il veut des preuves tangibles de l'existence, comme s'il craignait constamment d'avoir été dupe, victime d'un mirage, et d'être tout à coup renvoyé au néant.

Pour se porter vers la vie et pour s'en pénétrer, pour « avaler le monde », Flaubert exaltera le rôle des sons, des images, des couleurs, des formes, de la matière, des textures ; il accordera aussi dans ses romans une place très importante aux nourritures, aux repas, à l'acte et aux gestes de se nourrir. Jean-Pierre Richard a déjà étudié cette obsession flaubertienne [91]. Il faut avaler les choses pour s'assurer qu'elles

---

89. *Œuvres,* t. II, p. 191.
90. Georges Poulet, *Études sur le temps humain,* p. 310.
91. « On mange beaucoup dans les romans de Flaubert ; peu de tableaux plus familiers chez lui que celui de la table garnie sur laquelle s'amoncellent les nourritures, autour de laquelle s'aiguisent les appétits. [...] Insistance révélatrice : dans l'étalage de toutes ces mangeailles il faut trouver l'expression détournée d'un besoin essentiel de se repaître. [...] Percevoir, penser, aimer, c'est donc d'une certaine façon dévorer. L'objet se tient là, devant nous, dans sa distance et son étrangeté ; pour le rendre nôtre il faudra le faire entrer en nous, nous pénétrer de lui, ou, comme dit encore Flaubert, l'absorber » (Jean-Pierre Richard, *Littérature et sensation,* p. 119-120-122).

ne nous échappent pas, pour les posséder vraiment. Les rêves de bombance et de profusion nous ramènent, eux aussi, à des festins cosmiques : les fruits de toute la terre y déboulent, on voit d'habitude des mets exotiques, colorés :

« Ah ! comme j'ai passé bien des heures de ma vie, au coin de mon feu, à me meubler des palais, et à rêver des livrées, pour quand j'aurai un million de rentes ! [...] Quels festins ! Quels services de table ! Comme c'était servi et bon ! Les fruits de toute la terre débordaient dans des corbeilles faites de leurs feuilles ! On servait des huîtres avec le varech et il y avait, tout autour de la salle à manger, un espalier de jamins en fleurs où s'ébattaient des bengalis [92]. »

Depuis la noce normande, le dîner et le souper intime de la Vaubyessard, le repas des Comices (*Madame Bovary*), les hallucinations de saint Antoine, jusqu'au festin orgiaque des mercenaires de *Salammbô* ou celui d'*Hérodias* (« [...] cette faculté d'engloutissement dénotait un être prodigieux et d'une race supérieure [93] »), pas un roman qui ne renferme une ou plusieurs scènes de mangeaille. Bouvard et Péruchet n'y échappent pas non plus, que l'on retrouve autour d'une table plantureuse au déjeuner de M. de Faverges.

C'est dans *l'Éducation sentimentale*, sans doute, que l'on voit le plus fréquemment les personnages à table. Flaubert les réunit autour de deux sortes de repas : les dîners du jeudi rue de Choiseul chez Arnoux, où l'on mange des raretés et où l'on boit des vins extraordinaires ; le déjeuner offert par Frédéric aux amis ; le dîner Cisy ; et enfin le grand dîner des Dambreuse, ou le souper intime après le bal : partout la table est magnifique et le service impeccable. Il y a par ailleurs les repas auxquels assiste Rosanette : le souper chez elle, à la fin du bal masqué, alors que les convives se lancent à la tête oranges et bouchons, puis morceaux de faïence des assiettes qui volent, avec les jets de champagne dont on s'inonde ; et le dîner au Café Anglais, où la Maréchale commande un saucisson, frappe son verre avec son couteau et jette

92. *Correspondance*, t. IV, p. 23-24.
93. *Œuvres*, t. II, p. 672.

au plafond la mie de son pain, appelle le garçon « jeune homme ». Ces passages ne font-ils que révéler Rosanette et son univers d'enfant désespéré, qui s'étourdit de cris et de frivolités, alors que les dîners ordonnés et quelque peu solennels seraient les signes du jeu social où la cérémonie de manger est devenue une convention de classe et de bon ton, un spectacle, un pur jeu d'artifice ? Toujours est-il que nous avons là une marque particulière de l'inquiétude de Flaubert : celle de manquer à vivre, que le monde lui fasse défaut ; et, plus profondément peut-être, l'angoisse devant la mort, la détresse de ne jamais pouvoir toucher le bout de son désir de vivre, de ne pouvoir être rassasié, la hantise d'être floué, comme l'a écrit Victor Brombert [94]. Flaubert, dévoré par un insatiable appétit de vivre, mesure avec une indicible détresse les pauvres limites de la condition d'homme, ne désespérant pourtant jamais de les faire reculer.

Mais tout se défait, le monde va à sa fin, et le lent processus de dégradation dans lequel nous sommes entraînés voue à l'échec toute tentative pour durer, pour échapper à l'usure et à l'anéantissement contre lequel nous tâchons d'accumuler des preuves qui nous rassurent, des espoirs de permanence. Et précisément, l'Éducation sentimentale est un roman parisien : Paris, la ville où tout se passe, où tout passe. Frédéric est fasciné par le mouvement, par les bruits de Paris, par les innombrables possibilités offertes ; par cette agitation dans laquelle on se laisse glisser en ayant le sentiment que des choses vont nous arriver. Les séjours en province ne constituent que des parenthèses, des périodes d'attente où Frédéric se morfond d'impatience, ou se laisse glisser dans l'inertie, dans le vide.

Au-delà de la vieille ambition de monter à Paris, il y a en Frédéric un besoin de s'étourdir, de s'intoxiquer de la ville. Flaubert, malgré sa phobie affichée des foules et du mouvement, lui qui n'aimait pourtant rien comme les

---

94. « *Marie, the prostitute-heroine of* Novembre, *embodies simultaneously an immense appetite for life and a desperate awareness of the tragedy of human desire precisely because desire, by its very nature, implies a yearning for that which is beyond reach, for that which cannot be possessed* » (Victor Brombert, *The Novels of Flaubert,* p. 13).

voyages, le dépaysement, avait pour Paris un amour singulier :
« J'ai revu Paris avec plaisir ; j'ai regardé le boulevard, la rue
de Rivoli, les trottoirs, comme si je revenais voir tout cela après
cent ans d'absence, et je ne sais pourquoi j'ai respiré à l'aise, en
me sentant au milieu de tout ce bruit et de cette cohue humaine [95]. » Paris est la ville où l'on peut flâner sans fin (les
longues promenades de Frédéric, qui déambule interminable-
ment dans les rues plutôt que d'assister à ses cours de Droit) ;
et où, en même temps, on est sans cesse distrait de soi-même
par les milles visages croisés, par le va-et-vient incessant, les
vitrines des innombrables boutiques, les restaurants, les bals.

En contraste avec la monotonie et le vide
de Nogent, Paris offre l'animation perpétuelle de ses rues, de
ses cafés, et ce mouvement fascinant de la Seine, toujours recommencé. Il s'en dégage un air unique, une émanation eni-
vrante qu'on ne trouve nulle part ailleurs : « La Seine, jaunâtre,
touchait presque au tablier des ponts. Une fraîcheur s'en exha-
lait. Frédéric l'aspira de toutes ses forces, savourant ce bon air
de Paris qui semble contenir des effluves amoureux et des émanations intellectuelles [96]. » Il respire Paris, il l'absorbe, il le fait
sien. Paris de tous les rêves, des ambitions démesurées, des
enthousiasmes fébriles, Paris de toutes les illusions, tout aussi
néantisant que la province ; encore qu'à Nogent, malgré tout,
Frédéric reprend des forces, se recharge avant de revenir dans
le tourbillon de la capitale.

Cette agitation perpétuelle est bien pro-
pre à tourner la tête, à dissoudre les forces, à étourdir Frédéric.
Aux premiers mois de son existence parisienne, ayant très tôt
abandonné les cours de Droit, il passe ses après-midi en longues
promenades sans but, et il est pris de vertige en voyant défiler le
carrousel des voitures sur les Champs-Élysées où ses pas finissent toujours par le ramener :

« Il se sentait comme perdu dans un monde lointain. [...]
Mais le soleil se couchait, et le vent froid soulevait des tourbillons de poussière. [...] Les roues se mettaient à tourner plus

---

95. *Correspondance*, t. I, p. 161.
96. *Œuvres*, t. II, p. 134.

vite, le macadam grinçait ; et tous les équipages descendaient au grand trot la longue avenue, en se frôlant, se dépassant, s'écartant les uns des autres, puis, sur la place de la Concorde, se dispersaient [97]. »

Tout appui solide se dérobe, dans ce monde qui tangue, et où il n'est jamais que spectateur étourdi. Dès son retour à Paris, en possession de l'héritage qu'il n'espérait plus, la première pensée de Frédéric est de revoir Mme Arnoux. Mais l'Art industriel n'existe plus ! Alors commence une course éperdue qui durera deux jours, de plus en plus fébrile, qui le mènera de la rue de Choiseul au faubourg Poissonnière, à la rue de Fleurus, de café en café à la recherche de Regimbart, sur les boulevards, jusqu'à la préfecture de police :

« Il erra d'escalier en escalier, de bureau en bureau. Celui des renseignements se fermait. On lui dit de repasser le lendemain. Puis il entra chez tous les marchands de tableaux qu'il put découvrir, pour savoir si l'on ne connaissait point Arnoux. M. Arnoux ne faisait plus de commerce. Enfin, découragé, harassé, malade, il s'en revint à son hôtel et se coucha [98]. »

Dès sept heures le lendemain, il se lance à nouveau dans les rues, à la poursuite de Regimbart qui, lui, saura leur adresse ! De plus en plus agité à mesure que la journée passe, affolé. À quatre heures et demie, il se fait ramener sur les boulevards :

« [...] indigné du temps perdu, furieux contre le citoyen, implorant sa présence comme celle d'un dieu, et bien résolu à l'extraire du fond des caves les plus lointaines. Sa voiture l'agaçait, il la renvoya : ses idées se brouillaient ; puis tous les noms de cafés qu'il avait entendu prononcer par cet imbécile jaillirent dans sa mémoire, à la fois, comme les mille pièces d'un feu d'artifice [...] ; et il se transporta dans tous successivement. Mais dans l'un, Regimbart venait de sortir ; dans un autre, il viendrait peut-être ; dans un troisième, on ne l'avait pas vu depuis six mois ; ailleurs, il avait commandé, hier, un gigot pour samedi. Enfin chez Vauthier... [99] »

97. Œuvres, t. II, p. 54-55.
98. Ibid., p. 135.
99. Ibid., p. 137-138.

Cette chasse désespérée, désordonnée, est à l'image de la vie de Frédéric : recherche sans direction, énergies perdues par ce « défaut de ligne droite » dont il ne prendra conscience qu'à la fin.

Il n'y a, en attendant, que le mouvement quasi hypnotique de la ville dont il n'est que le témoin, comme il assiste à sa propre quête, passivement, balloté d'espoir en abattement, de brusques flambées d'enthousiasme en découragements profonds. Et toujours dans cette demi-conscience qui ne parvient pas à se situer exactement par rapport au réel, dans ce vertige où l'entraîne constamment le mouvement des choses. Rentrant des courses avec Rosanette, on le retrouve tel qu'en ses promenades de jadis :

« Et la berline se lança vers les Champs-Élysées au milieu des autres voitures, calèches, briskas, wurts, tandems, tilburys, dog-carts, tapissières à rideaux de cuir [...], victorias bourrées de monde [...]. De grands coupés à sièges de draps promenaient des douairières qui sommeillaient ; ou bien un stopper magnifique passait, emportant une chaise [...]. L'averse cependant redoublait. Frédéric et Rosanette ne se parlaient pas, éprouvant une sorte d'hébétude à voir auprès d'eux continuellement toutes ces roues tourner [100]. »

Les personnages dans les voitures passent et sont entraînés : « [...] et les figures se succédaient avec une vitesse d'ombres chinoises. » Nous nous retrouvons dans ce monde familier, sans pesanteur, comme dans les rêves, et dans lequel les détails s'estompent, se fondent en une sorte de magma lumineux, « pulvérulent », où brille parfois un reflet métallique, l'espace d'une seconde :

« Puis tout se remettait en mouvement ; les cochers lâchaient les rênes, abaissaient leurs longs fouets ; les chevaux, animés, jetaient de l'écume autour d'eux ; et les croupes et les harnais humides fumaient dans la vapeur d'eau que le soleil couchant traversait. Passant sous l'Arc de Triomphe, il allongeait à hauteur d'homme une lumière roussâtre, qui faisait étinceler les

---

100. *Œuvres*, t. II, p. 239.

moyeux des roues, les poignées des portières, le bout des timons, les anneaux des sellettes [101]. »

La vie entière de Frédéric se déroule dans ce brouillard où il se meut comme un somnambule : les couleurs, les sons, les formes du monde entrent en lui, il devient perméable aux impressions, mais rien n'en sort jamais, aucun projet sérieux, aucune tentative solide d'action. Son premier geste authentique, nous l'avons dit, sera de rompre avec Mme Dambreuse, presque à la fin du roman. Il n'aura été que spectateur, témoin passif de sa propre existence. Spectateur, également, de la vie qui bat autour de lui, des échauffourées de février 1848 : pétrifié par le spectacle des combats de rue, il éprouve le sentiment d'être au théâtre, au milieu pourtant du brouhaha, de la confusion, des cris, du son du tambour, du bruit des salves :

« Un remous continuel faisait osciller la multitude. Frédéric, pris entre deux masses profondes, ne bougeait pas, fasciné d'ailleurs, et s'amusant extrêmement. Les blessés qui tombaient, les morts étendus n'avaient pas l'air de vrais blessés, de vrais morts. Il lui semblait assister à un spectacle [102]. »

De même, lors du sac des Tuileries, il reste tout à fait éberlué devant les « flots vertigineux des têtes nues, des casques, des bonnets rouges, des baïonnettes et des épaules » qui oscillent dans le grand escalier, par « la sombre masse du peuple entre les dorures, sous un nuage de poussière [103] ». Avec Hussonnet il descend dans le jardin pour respirer plus à l'aise : « Ils s'assirent sur un banc ; et ils restèrent pendant quelques minutes les paupières closes, tellement étourdis, qu'ils n'avaient pas la force de parler [104]. » Ce vertige devant la vie, devant l'accumulation et le mouvement, est l'un des traits les plus caractéristiques de la personnalité du héros de l'Éducation sentimentale, et Paris est la ville la mieux accordée à cette disposition, où les forces et les projets se dis-

101. Œuvres, t. II, p. 239-240.
102. Ibid., p. 318.
103. Ibid., p. 318 et 321.
104. Ibid., p. 322.

solvent d'eux-mêmes, dans le flux et le reflux des intérêts, de l'agitation, dans le remous des convoitises, des enthousiasmes et des désespoirs. Paris est la ville qu'il faut à cette éducation néantisante, à ces vagues aspirations qui ne trouveront pas leur objet, par défaut de solidarité d'assise, par manque de consistance intérieure.

Frédéric va accumuler les preuves, les signes, croyant s'approprier les êtres absents, persuadé de la fidélité des choses. Les objets-fétiches, à la fois repères et salut dans l'inquiétude que tout vous échappe, les vêtements, les chaussures, les chevelures et les odeurs, deviennent comme des reliques des personnages, et constituent autant de « prises » que l'on peut avoir sur eux. De même les nourritures, les fumets, les parfums de la table, tout doit servir à apaiser cette boulimie qui veut avaler la terre entière. Frédéric tient à venir vivre à Paris parce que c'est la ville où tout arrive, alors que Nogent signifie la privation, le jeûne, l'immobilité.

Mais précisément, comme le désir éperdu révèle une impuissance, le besoin d'accumulation des choses, de « marques » appartenant à l'être aimé, dévoile une incapacité de se repaître. Et la collection (gant, mouchoir, pantoufle) finit par créer une faim plus grande encore, une inquiétude plus tourmentée. De même les tourbillons de la ville étourdissent Frédéric, et toujours « les joies qu'il s'était promises » tardent à se produire, le vide succède au « plein » qu'on a entrevu, ou mieux : la multiplication des « annonces » matérielles ne recouvre qu'un néant insondable, et ne sert qu'à plonger plus avant dans l'inquiétude, dans l'angoisse de voir que tout se dérobe constamment.

II

La chute au néant : des thèmes latents aux thèmes effectifs

L'Éducation sentimentale nous apparaît très tôt comme le roman de la démolition, de l'écroulement des rêves, de l'inadéquation entre les ambitions et la réalité. Et ce thème se développe dans le roman en deux modulations distinctes : écroulement du rêve d'amour, alors que la passion de Frédéric Moreau ne trouvera pas de satisfaction ; destruction du rêve collectif de liberté, puisque l'idéal de la révolution de 1848 se trouvera trompé le 2 décembre 1851. Nous avons donc dans *l'Éducation* un thème générique, celui de l'idéal trahi, celui de l'échec d'une époque, et les deux modulations du thème se développent selon un mode complexe, où l'assemblage des divers tableaux s'opère de façon quelque peu aléatoire, du moins en apparence. L'abandon de la structure strictement linéaire qui caractérisait *Salammbô* et, surtout, *Madame Bovary,* correspond à une tentative pour saisir la réalité de façon plus totale encore.

Le jeu des modulations du thème, dans notre roman, sera parfois conduit en développement de scènes à plusieurs niveaux, comme dans *Madame Bovary* (dîner à l'auberge du Lion d'Or, à l'arrivée des époux Bovary à Yonville :

le dialogue un peu lâche, abandonné et repris, entre Emma et Léon ; épisode des Comices où nous retrouvons Emma et Rodolphe au premier étage de la mairie ; soirée au théâtre (scène de la loge) à Rouen, et visite de la cathédrale). Nous avons toujours un duo sur fond d'accompagnement sonore et visuel : deux protagonistes sont isolés dans leurs phrases et leurs silences alors que la vie, autour d'eux, continue de se dérouler sans qu'ils y portent attention.

Dans *l'Éducation sentimentale,* les deux modulations sont présentes ensemble, sans que l'une se développe de façon vraiment plus importante que l'autre : sur le motif de la foule, du grondement de l'émeute, nous assistons à une attente vaine de Frédéric, ou à un dialogue amoureux. Et l'unité entre ces deux scènes parallèles — ou superposées, pour n'en former qu'une, en réalité — est vraiment totale. Nous reviendrons sur cet aspect particulier de la cohésion profonde entre les deux modulations du thème. Précisons pour le moment que l'unité de ces deux voix — et les motifs qui les alimentent — assure une part essentielle de la cohérence structurelle du roman.

Le thème générique de l'ensemble de l'œuvre et qui lui donne sa couleur particulière, sa tonalité propre, nous paraît être celui de l'idéal trahi, des rêves anéantis par manque d'entreprise, par médiocrité et simple passivité.

Cette suite de trahisons et d'échecs relève de la vision du monde qui caractérise la pensée de Flaubert. Son profond pessimisme, que l'on pourrait presque dire congénital et auquel il donne libre cours à chaque page de sa correspondance, nous apparaît ici plus vaste encore, plus absolu, même s'il est — forcément — plus diffus et comme dilué dans l'ironie des multiples points de vue. On peut aller plus loin en affirmant que ce pessimisme révèle, à un degré plus important encore, une sorte de nihilisme, de tentation du rien, de fascination du néant.

Plusieurs passages de la correspondance révèlent la douloureuse interrogation métaphysique qui se posera à Flaubert durant toute sa vie et qui ne trouvera jamais de réponse, semble-t-il, autre que celle du néant. Qu'y a-t-il derrière les choses, au-delà de la mort ? Que faisons-nous dans ce monde chaotique et dérisoire ? C'est l'interrogation même d'Emma Bovary : « Qui donc l'avait voulu ? Et pourquoi, pourquoi ? » À cette hantise du vide répondraient alors les images d'abondance, les accumulations, les débordements, les rêves d'Orient et de festins qui contribueraient à expliquer l'attention minutieuse aux choses, à la matière, la passion des objets sur lesquels Gustave Flaubert se penche désespérément, jusqu'à vouloir y pénétrer. On pense au cri final de saint Antoine, rappelé plus haut : « [...] être la matière ! »

Il est utile de s'interroger sur ce que l'on peut appeler les thèmes latents de l'*Éducation sentimentale,* de même que sur leur matérialisation dans le roman. Au-delà de cette sorte de transposition, ou de métamorphose qui nous rend, pour l'essentiel, l'amour de Flaubert pour Mme Schlesinger, il y a une coloration affective, ce « ton » du roman qui est bien autre chose que le simple récit d'une histoire d'amour malheureux intégré à un tableau d'époque. Les deux modulations (poursuite vaine de la femme aimée, quête illusoire et sanglante de la liberté en 1848) ne sont presque, à la rigueur, que des prétextes, des à-côtés. Le vrai roman tient sa source la plus profonde d'un état d'âme, d'une vision du monde irrémédiablement pessimiste. Et à un premier niveau, la dimension principale du roman (celle de l'échec) nous semble être encore la suite naturelle de ce pessimisme foncier de Flaubert. Le manque à vivre de Frédéric Moreau, à la fois cause et effet de sa vie sans événements, l'échec de toutes ces velléités — comme celui de la société entière de son époque — Flaubert les conçoit (ou il en est le témoin) à travers cette coloration affective qui lui est propre. Son pessimisme, un sentiment permanent de l'échec, la certitude d'une fatalité implacable, l'amènent à croire qu'il faut « éviter la vie ». Le refuge dans le passé, la nostalgie, lui seront alors un recours contre le présent à escamoter, à abolir, de même qu'une certaine complaisance dans la douleur morale : caractères d'un romantisme particulier, dont nous essaierons de définir les dimensions.

De cette disposition naturelle de Flaubert naît et se développe en lui le sentiment aigu de l'inutilité de toute quête du bonheur, de toute tentative pour en sortir. Sa correspondance est pleine de passages où il écrit son ennui, ses tristesses, son « peu de foi au bonheur ». Dès 1846 il confie à Louise Colet : « Je n'ai pas reçu du ciel une organisation facétieuse. Personne plus que moi n'a le sentiment de la misère de la vie. Je ne crois à rien, pas même à moi, ce qui est rare [1]. » Bien plus tôt, dès le collège, sa « nature » se révélait, alors qu'il comptait parmi les dernières vraies victimes, peut-être, du mal du siècle. Il écrit un jour à Louise Colet : « O dortoirs de mon collège, vous aviez des mélancolies plus vastes que celles que j'ai trouvées au désert [2] ! » À Henriette Collier, il fait part de sa tristesse d'homme de trente ans : « À mesure que je vieillis je m'assombris, je fais comme les arbres, chaque jour je perds de mon feuillage et je me creuse en dedans [3]. »

L'ennui de René, c'est dès le collège qu'on en est victime, comme d'un virus, et Flaubert racontera plus tard à Louise Collet comment les collégiens de son temps tournaient entre la folie et le suicide, comment certains de ses condisciples se sont fait crever de débauche « pour chasser l'ennui ». Peut-on affirmer qu'il ne s'agit pour lui que d'une contamination artificielle, alors que la crise en général finit toujours par se dénouer tôt ou tard ? Ce « pressentiment complet de la vie » qu'il eut à l'âge des désespoirs vagues et des ennuis irraisonnés ne peut pas être que passager ; cela nous paraît bien davantage une disposition profonde sinon maladive du caractère, beaucoup plus sérieuse que le vague à l'âme des premiers romantiques.

À cinquante ans il écrira à quelques-uns de ses correspondants les mêmes phrases désabusées qu'il adressait vingt-cinq ans plus tôt à Louise Colet : « Je sens plus la douleur que le plaisir ; mon cœur reflète mieux la tristesse que la joie. Voilà pourquoi, sans doute, je ne suis pas fait pour le bonheur, ni peut-être pour l'amour. [...] Je suis né ennuyé ; c'est là la lèpre qui me ronge [4]. » Dans cet ennui de Flaubert,

1. *Correspondance*, t. I, p. 220.
2. *Ibid.*, t. II, p. 403.
3. *Ibid.*, supplément, t. I, p. 145-146.
4. *Ibid.*, t. I, p. 410.

il y a assurément des restes du romantisme de 1820. Quand, dans la première *Éducation sentimentale,* il dit de Jules : « Il avait lu *René* et *Werther,* ces livres qui dégoûtent de vivre ; il relut Byron et rêva à la solitude des grandes âmes de ses héros [5] », on sait bien qu'il a dévoré lui-même ces œuvres, au collège, comme tous ses camarades. Mais ces lectures ne suffisent pas à expliquer le profond malaise de toute une vie. Mme Durry a cerné de façon très perspicace cette « infection » qui le minera jusqu'à la fin [6].

Il ne fait aucun doute qu'après le retour d'Orient, en particulier, alors qu'il se confinera de plus en plus à Croisset, avec sa mère vieillissante, malade et toujours inquiète, la vie quotidienne prendra pour Flaubert une couleur de tristesse et de monotonie qui contribuera pour beaucoup à son accablement. S'ajoutera la maladie mentale du beau-frère Hamard, dont les mauvaises tractations conduiront l'écrivain à une pénible gêne financière. René Dumesnil croyait que « l'atmosphère oppressive de Croisset a pesé lourdement sur l'écrivain » ; il allait jusqu'à affirmer que même si ces contraintes n'expliquent pas tout, « elles sont pour quelque chose, pour beaucoup même, dans la grisaille de pessimisme qui voile *l'Éducation sentimentale* [7] ». Cela paraît incontestable. L'ennui, la mélancolie de cette vie passeront dans le roman, par une sorte de mystérieuse osmose, après avoir alimenté les rêveries de Flaubert.

Croyant, de plus, en une sorte de spiritualisme des objets, des lieux, il écrit encore — et bien qu'il s'enferme dans une réclusion presque absolue (toujours l'espace

---

5. Première *Éducation sentimentale,* Éditions du Seuil, p. 140.
6. « Son ennui qu'il clame révèle autre chose que les crises métaphysiques de l'adolescence, ou l'héritage de Chateaubriand et de Byron : un pessimisme congénital, parfaitement conciliable avec sa retentissante jovialité et ses facéties énormes, avec la chaleur de ses affections, promises comme lui à la pourriture, avec les fêtes goulues de ses sens et ses orgies d'imagination, vaines victoires sur le néant et qui ne dissimulent pas un éternel goût de cendre ; un pessimisme plein de fureurs, de trépignements, de cris et de dégoût, qui ne le lâchera plus, et qu'il faudrait appeler nihilisme si Flaubert n'avait trouvé le moyen d'« escamoter la vie » par la claustration dans la recherche de l'art » (Marie-Jeanne Durry, *Flaubert et ses projets inédits,* p. 22).
7. René Dumesnil, *la Vocation de Gustave Flaubert,* p. 180.

clos, la chambre aux rideaux tirés, la chambre secrète au fond du cœur) : « C'est une mauvaise chose que de vivre toujours aux mêmes endroits ; les vieux murs laissent retomber sur notre cœur, comme la poussière de notre passé, l'écho des soupirs oubliés et le souvenir des vieilles tristesses, ce qui fait une tristesse de plus [8]. » À George Sand, le cher maître, il avoue que « ce régime-là n'est pas drôle », et qu'il a « des moments de vide et d'horrible ennui [9] ». C'est précisément à ce vide si douloureusement ressenti que nous devons une œuvre aussi pleine, aussi puissante, sur la réalité qui se dérobe, sur l'absence, sur le creux du monde.

Sur ce fond de grisaille et de vacuité, de tarissement, on comprend alors le perpétuel sentiment d'échec éprouvé par Flaubert : idée d'un manque à vivre, angoisse du possible non réalisé, défaite du sentiment et du désir de connaissance et d'amour. Il en arrive tout naturellement à considérer que cette vie mal agencée, ces événements qui nous violentent, ces vaines prévisions sont le fait d'un hasard, d'une fatalité aveugle. La seule solution qui s'offre à lui est donc d'éviter la vie, de se réfugier dans une « marotte » et de s'y consacrer totalement. Le passé devient aussi un autre refuge, mais qu'il fera servir, précisément, à alimenter toute une part de son œuvre et dont il fera une dimension importante de ses grands personnages, Emma Bovary et Frédéric Moreau, en particulier. Ce refuge dans le passé équivaut alors à la négation du présent, au refus de cette vie impossible.

Sentiment d'échec. Et ce n'est certes pas, pour Flaubert, le relatif succès de ses livres qui aura pu le rassurer sur la valeur de son œuvre. Eût-il été un écrivain à succès, comment aurait-il envisagé la réussite, quand on songe à l'opinion que lui inspiraient ses contemporains ? Ce sentiment d'échec provient certainement, en partie, de ce qu'il est constamment tendu vers un idéal, un rêve d'exigence et de perfection par rapport à quoi il ne peut qu'être déçu, en jugeant la réalisation de son œuvre et sa vie même. Cela prend parfois

8. *Correspondance*, t. IV, p. 204.
9. *Ibid.*, t. VI, p. 2.

figure de cercle vicieux, dont il semble impossible de sortir : puisque la vie ne réserve que déceptions contre tout espoir, contre tout effort pour vivre pleinement, Flaubert se réfugie dans le rêve et les imaginations : rêves de voyage, le plus souvent, et de festins ou de vie de château, de préférence dans les siècles passés. Au sortir de ces rêveries, la vie quotidienne ne lui paraît que plus bête et terre à terre, et refusant d'affronter cette vie immédiate, il se réfugie à nouveau dans les songes. Jean-Pierre Richard parle ici d'un véritable manque d'être, expliquant la passivité et la considération désabusée de l'échec [10].

Cette interprétation nous aide à comprendre un trait vital du personnage de Frédéric Moreau : rêvant sans cesse à ce qui aurait pu et dû être, au lieu de tenter vraiment d'échapper à l'envoûtement — et à la facilité — de cette rêverie néantisante. Pour Flaubert en tout cas, l'idée de l'échec est si bien ancrée en lui qu'il juge même son œuvre à venir avec dégoût, et il se considère par avance comme un raté. Il note dans un cahier intime, écrit pour l'essentiel vers les années 1840 — alors qu'il avait vingt ans :

« Ah ! quelle pitié, quelle pitié d'y songer, quelle plus grande de se l'écrire à soi-même, de se le dire. — Oui, je suis un grand homme manqué, l'espèce en est commune aujourd'hui. Quand je considère tout ce que j'ai fait et tout ce que je pourrais faire, je me dis que cela est peu — et, pourtant, comme j'ai de la force en moi, si vous saviez tous les éclairs qui m'illuminent. Hélas ! Hélas ! je me dis qu'à vingt ans j'aurais pu déjà avoir fait des chefs-d'œuvre — je me suis sifflé, humilié, dégradé, et je ne sais même pas ce que j'espère, ce

10. « L'attachement que suscite Flaubert se mêle toujours d'une certaine forme de malaise ou de regret : lui-même se sent exister avec malaise et regrette d'être ce qu'il est ; il offre dans tous ses écrits intimes le spectacle d'un homme partagé, insatisfait de soi, et constamment tendu vers la poursuite d'un idéal de dureté que sa propre faiblesse l'empêche précisément d'atteindre. [...] Avec Flaubert le lecteur se prend toujours à rêver à ce qui aurait *pu* et *dû* être : fidèle en cela à l'esprit de Flaubert lui-même qui, n'ayant jamais voulu se choisir absolument, vécut dans l'insatisfaction et dans la nostalgie » (Jean-Pierre Richard, *Littérature et sensation*, p. 162-163 ; souligné par l'auteur).

que je veux ni ce que j'ai — je ne serai jamais qu'un écrivailleur honni, un vaniteux misérable [11]. »

Cette angoisse qui devait l'assaillir jusqu'à sa mort provient également du manque d'assise, de certitude et de densité que Flaubert ressentait si vivement dans la vie. Le monde et l'existence éprouvés comme chaos, l'exigeante, douloureuse et impérieuse vocation de dire ce chaos et ce manque de consistance, voilà qui conduit à l'obsession de l'échec, devant le pénible accomplissement de la forme. Avec, comme fond permanent, la hantise des choses se défaisant, du temps de la dégradation, de ce grouillement inutile et dérisoire. Cette œuvre « calme » en apparence, détachée, froide, recouvre des abîmes de désespoir. On pense aux « affres du style », à la pathétique corvée de la mise en phrases et en pages ; mais également, et d'abord, au drame personnel et torturant de celui qui vit ce manque à vivre et pour qui l'unique issue se trouve dans le livre à faire, dans l'écriture de ce drame.

Et pour alimenter cette œuvre à faire, pour que, à partir de l'expérience du malheur d'être, puisse s'élaborer une mise en forme, Flaubert conçoit une sorte de processus d'exacerbation de la douleur, auquel n'est pas étranger un certain goût de souffrir et un plaisir morbide dans le tourment qu'il s'inflige. Au bout de ses nostalgies aiguës, de ses amertumes et de ses refus de la vie telle qu'elle est, on peut presque constater la présence en lui d'un étrange masochisme dont le fruit serait l'œuvre. Il se plonge tout entier dans l'ennui, dans la souffrance de vivre, au point où la trouble frontière entre douleur et jouissance est effacée, pour ne plus laisser place qu'à une pure torture, à un déchirement absolu dont le roman est à la fois le récit et le produit.

Sa première réponse à l'impossibilité de vivre, Flaubert la trouve donc dans le travail furieux de l'organisation de l'œuvre, en même temps qu'il assume, dirait-on, qu'il revendique la part la plus torturante d'une existence sans issue, où tous les espoirs sont vains. L'œuvre de Flaubert nous apparaît ainsi comme une œuvre de désespérance absolue.

---

11. *Souvenirs, notes et pensées intimes*, p. 67-68.

On trouve chez lui une autre forme de recours contre l'impossible présent, et qui servira au plus haut point son entreprise d'écrire. Ce refuge dans le passé, l'obsession, presque, de ce qui ne reviendra plus, cet attachement maladif aux choses, aux souvenirs, nous fournit un éclairage très révélateur pour mieux saisir un autre aspect essentiel de son œuvre, et en particulier de l'Éducation sentimentale. Cette forme de nostalgie est moins une simple complaisance dans le déjà vécu, dans les souvenirs embellis par le temps écoulé, qu'une conséquence de la déception et de la fuite du présent à vivre. Mais de toute évidence, il faut constater que cette dimension du temps illuminant les jours disparus, où tout apparaît transformé, où sa propre image est réfléchie par le miroir du temps comme épurée, parée de mille séductions, on ne peut la dissocier de l'autre sens du mécanisme psychologique. Flaubert se trouve enfermé dans un cercle : le moment à vivre lui répugne par avance — puisqu'il en pressent la laideur, l'échec, la déception, et il se tourne alors vers le passé ; et d'autre part, une disposition naturelle le ramène sans cesse aux jours heureux de ce passé idéal, et l'empêche d'affronter le présent autrement qu'en se défilant toujours plus ou moins. Là encore, les témoignages sont très nombreux, et la correspondance nous offre presque à chaque page un exemple de cette nostalgie aiguë de Flaubert.

On vient à penser que cette nostalgie serait une forme d'ennui du temps qui passe et qui emporte tout : « Comme tout s'en va ! comme tout s'en va [12] ! » Cette plainte attristée retentira d'innombrables fois au fil de la correspondance. Et le regret de Flaubert est constant ; il déplore de n'avoir pas épuisé la substance de chaque moment, de n'avoir pas assez savouré le contenu de chaque instant. Il écrit à Louise Colet, en décembre 1846 : « As-tu éprouvé quelquefois le regret que l'on a pour des moments perdus, dont la douceur n'a pas été assez savourée ? C'est quand ils sont passés qu'ils reviennent sur le cœur, flambant, colorés, tranchant sur le reste comme une broderie d'or sur un fond sombre [13]. »

12. Correspondance, t. I, p. 208.
13. Ibid., p. 409.

De la même façon il regrette les jours tristes, du simple fait qu'ils sont passés (tout semble préférable à l'actuel, à aujourd'hui). Dans la première *Éducation,* Jules, écrivant à Henry, lui rappelle leur enfance, leur jeunesse commune : « Mais je regrette tout, moi ; [...] je regrette même les jours qui m'ont semblé les plus tristes, ils avaient un charme singulier que les plus heureux de maintenant ne me redonneront jamais [14]. » N'avons-nous pas ici la substance de la dernière phrase de *l'Éducation* de 1869 : « C'est là ce que nous avons eu de meilleur ? »

Cette distanciation par rapport au présent, nous la retrouverons précisément dans le personnage de Frédéric Moreau, dans un mouvement inverse, en quelque sorte. On ne trouve pas chez Frédéric ce goût maladif pour le passé ; le héros de *l'Éducation sentimentale* vit hors du temps lui aussi, mais tendu vers l'avenir qu'il projette, et dans lequel il se réfugie. Le présent est escamoté au profit d'une rêverie au futur antérieur. Seul un même instant d'usure, et d'érosion par avance, se retrouve de l'un à l'autre.

Dans *l'Éducation sentimentale,* Flaubert reprendra le fil à l'endroit même où il l'avait abandonné pour poursuivre cette longue remontée vers son point initial ; à travers ce cheminement vers l'œuvre achevée, nous en revenons toujours au présent escamoté, et par la magie de l'écriture, Frédéric Moreau sera constamment projeté hors du présent, hors de maintenant-ici, mais en avant cette fois, vers une image idéale et inventée de lui-même, dans un monde « à venir », fait «d'immensités bleuâtres », de flottements diffus, de mouvement perpétuel (présence constante de l'eau qui emporte, des voitures qui semblent couler au creux des Champs-Élysées, pluie qui ruisselle, images du temps qui coule, des jours qui passent, etc.). Ces « fantômes du passé » qui remontent des profondeurs, Flaubert les fait glisser dans une autre dimension du temps, vers un destin plus réel que le premier. L'univers dans lequel ils se meuvent désormais est, à l'état pur, celui de l'absence, un monde en creux qui se consume

---

14. Première *Éducation sentimentale,* Éditions du Seuil, p. 45.

de l'intérieur, où même les événements ne laissent aucune trace, où les gestes ne sont jamais qu'ébauchés.

Comment cette coloration affective de la vie passe-t-elle de la vision de Flaubert au roman qu'il compose ? Que peut-on retracer, dans *l'Éducation sentimentale,* de cette tonalité initiale, de cette modulation descendante ? Cette vue des choses, cette perméabilité au monde qui se défait est incarnée surtout dans le personnage de Frédéric Moreau. Il est certain que c'est à travers lui, et en lui, que l'existence est montrée comme processus de dégradation, de démolition ; cet univers qui échappe, le monde comme insaisissable, c'est en Frédéric qu'on le ressent tel : cette chute dans le temps de l'être dépossédé, il en est la victime principale et l'idéale proie, ne pouvant opposer aucune résistance à cette précipitation, et bien qu'il se cramponne de toutes ses forces aux choses — décors, objets, vêtements — et aux sensations.

L'Éducation sentimentale est le roman de l'absence, l'œuvre où Flaubert a peut-être touché au plus près son rêve du livre sur rien — que personne n'écrira jamais. L'univers de Frédéric est un monde en creux, dont la réalité se dérobe à toute prise, à toute tentative pour s'en emparer : roman d'apprentissage, *l'Éducation* est le roman de la dépossession, de la déperdition des forces. Et, de façon paradoxale, c'est un roman d'apprentissage où personne n'apprend quoi que ce soit, sinon justement que rien ne sert d'apprendre, ou qu'apprendre, c'est se résoudre à ne jamais rien savoir, c'est accepter de ne rien savoir. Accepter qu'on ne dispose pas des choses, de ses sentiments, de sa propre vie. Les choses sont toujours plus fortes, elles existent avec plus de densité que les êtres, elles *sont* plus sûrement. Le temps défait la vie, en même temps qu'il en constitue le mouvement [15].

15. « Les forêts d'automne que dore un soleil usé, ces démarches lentes de somnambules, ces voix égales et lointaines qui ne parlent que de l'impossible, sont les attributs d'un monde de l'absence qui est la rançon de l'absence du monde. C'est parce que ce monde nous échappe qu'il s'agit de lui échapper. Le vide et la monotonie de ces jours qui passent nous révèlent peut-être la part la plus secrète que nous puissions connaître d'autrui. Le temps ici défait le personnage — pour mieux le révéler » (Renaud Matignon, « Flaubert et la sensibilité moderne », *Tel quel,* n° 1, printemps 1960, p. 88-89).

Deux caractères marquent Frédéric Moreau, dès une première lecture : il nous apparaît égoïste et instable, avec une disposition déconcertante à jouer perdant. Il ramène toujours tout à lui, mais d'une façon insconsciente, et comme naturellement, à partir des vagues inquiétudes romantiques de la fin du collège, jusqu'à l'échec du projet de mariage avec Mme Dambreuse, alors qu'il a déjà rompu avec Rosanette : « Il en oubliait la Maréchale, ne s'inquiétait même pas de Mme Arnoux, — ne songeant qu'à lui, à lui seul, perdu dans les décombres de ses rêves, malade, plein de douleur et de découragement [16]. » Rentrant du premier dîner Arnoux, « [...] son visage s'offrait à lui dans la glace. Il se trouva beau ; et resta une minute à se regarder [17] ». C'est le même narcissisme que celui d'Henry dans la première *Éducation* : « Son image par hasard s'offrit à lui dans la glace, et il se trouva beau, plus beau qu'un homme [18]. »

Au retour à Paris, nanti de sa fortune providentielle, Frédéric retrouve Mme Arnoux dans la gêne, et qui le reçoit presque froidement. Sa réaction est instantanée : « J'étais bien bon là-bas, avec mes douleurs ! À peine si elle m'a reconnu ! quelle bourgeoise ! [...] Et dans un brusque épanouissement de santé, il fit des résolutions d'égoïsme [19]. » Résolutions auxquelles il ne se tiendra pas davantage qu'à toutes ses décisions inébranlables. Aucune fermeté, aucune constance : Frédéric est l'instable-né, passant constamment d'un état extrême à un autre et sans raison profonde, tout comme Jules dans la première *Éducation* : « Nature nerveuse et féminine, son cœur se déchirait à tout, il était joyeux sans cause, triste sans raison, rêveur à propos de n'importe quoi [20]. »

Au lendemain de la fête à Saint-Cloud, lui que le Droit dégoûtait, il se remet à travailler avec ardeur, au grand étonnement de Deslauriers. Au retour de Nogent, tout heureux de retrouver Marie Arnoux, il s'habille le plus

---

16. *Œuvres*, t. II, p. 446.
17. *Ibid.*, p. 82.
18. Première *Éducation sentimentale*, Éditions du Seuil, p. 64.
19. *Œuvres*, t. II, p. 140.
20. Première *Éducation sentimentale*, Éditions du Seuil, p. 102.

lentement possible « pour faire durer son plaisir », et il décide même de se rendre à pied boulevard Montmartre ; « [...] il souriait à l'idée de revoir, tout à l'heure, sur la plaque de marbre, le nom chéri ; il leva les yeux. Plus de vitrines, plus de tableaux, rien ! » Il court à l'appartement de la rue de Choiseul : les Arnoux n'y habitent plus ! Il se lance sans succès à la recherche de Hussonnet, de Pellerin. « Enfin, découragé, harassé, malade, il s'en revint à son hôtel et se coucha [21]. » Toute la fébrilité, la joie de son retour à Paris s'écroulent dans un abattement profond. Mais soudain, « [...] au moment où il s'allongeait entre ses draps, une idée le fit bondir de joie : Regimbart !... »

Ayant enfin retrouvé Marie Arnoux, les transports qu'il se réjouissait d'éprouver font place au désabusement ; mais malgré la rancune qu'il lui garde, il aura envie de la revoir. En sortant de cette nouvelle visite, « Frédéric se sentait tout joyeux de vivre ; il se retenait pour ne pas chanter, il avait besoin de se répandre [22] ». En général, toute la relation avec Marie Arnoux, avec Louise Roque, et le début de sa liaison avec Rosanette, se développent selon ce même rythme d'alternance. Sans cesse rejeté d'un sentiment au sentiment contraire, Frédéric passera toute sa jeunesse — en fait jusqu'à la rupture avec Mme Dambreuse — dans ce ballottement perpétuel, avec une étrange propension au découragement, et un goût naturel pour la défaite.

Il nous apparaît constamment vaincu d'avance, et l'échec lui est toujours plus normal que la réussite. Au début du roman, rêvant à la femme idéale : « Quant à chercher celle qu'il me faudrait, j'y renonce ! D'ailleurs si jamais je la trouve, elle me repoussera. Je suis de la race des déshérités [23]. » À Paris, il envisage toutes sortes de moyens pour arriver jusqu'à Marie Arnoux : marchander des tableaux à l'Art industriel ; signer pour le journal des articles « très forts » ; lui écrire une lettre enflammée de douze pages. « Mais il la déchira, ne fit rien, ne tenta rien, — immobilisé par la

21. *Œuvres*, t. II, p. 135.
22. *Ibid.*, p. 166.
23. *Ibid.*, p. 48.

peur de l'insuccès [24]. » Pendant son premier été à Paris, après l'échec à l'examen de Droit, il va chez elle, mais elle est absente : « Frédéric descendit l'escalier, marche à marche. L'insuccès de cette première tentative le décourageait sur le hasard des autres [25]. » Quelques mois après : « Quant à essayer d'en faire sa maîtresse, il était sûr que toute tentative serait vaine [26]. » Et puis « [...] que faire, d'ailleurs ? Lui dire qu'il l'aimait ? Elle l'éconduirait, sans doute ; ou bien, s'indignant, le chasserait de sa maison [27] ».

N'y a-t-il pas là révélation d'une forme de passivité ? Cette crainte de l'échec amoureux, qui prendra la forme d'une espèce de déification de la femme aimée devenue idole, lointaine, inaccessible, constitue une manifestation de l'impuissance générale dont paraît souffrir Frédéric Moreau. Il n'est pas loin de tenir le même langage qu'Henry, dans la première *Éducation* : « Pourquoi irais-je troubler cette eau pure ? faner cette fleur ? pourquoi, afin de satisfaire l'appétit d'un moment, la plonger dans la honte et les regrets ? ce serait pour moi-même la descendre de ce piédestal où mon amour l'a posée ; elle m'aime de l'amour des anges, le ciel n'est-il pas assez vaste ? cet amour n'est-il pas assez doux [28] ? » Et Jules, ce « double » d'Henry — ou plutôt cet autre visage d'un même être — comme Deslauriers le sera de Frédéric, baisse les yeux rien qu'à la voir de loin. Il se demande : « [...] était-ce respect, contemplation ou terreur [29] ? » Étrange respect, possible contemplation, terreur probable. Une phrase de la correspondance nous porte à l'entendre ainsi. Dans une lettre à la princesse Mathilde, en effet, datée de 1866, Flaubert écrit : « Je voudrais bien que mon futur roman pût vous amuser ! Il est entrepris pour apitoyer sur ces pauvres hommes tant méconnus et prouver aux dames combien ils sont timides [30]. » Ce n'est pas là vision de conquérant, et cette phrase

24. *Œuvres,* t. II, p. 54.
25. *Ibid.,* p. 96.
26. *Ibid.,* p. 100.
27. *Ibid.,* p. 101.
28. Première *Éducation sentimentale,* Éditions du Seuil, p. 71.
29. *Ibid.,* p. 102.
30. *Correspondance,* t. V, p. 233.

jette un éclairage certain sur la conception que Frédéric Moreau entretiendra des femmes, surtout de Marie Arnoux.

Cette forme de timidité qui se révèle, en fin de compte, bien plus comme une disposition à la passivité, définit profondément Frédéric, dont toute l'existence est annoncée par le « flottement » du voyage sur la Seine, qui le ramène à Nogent aux premières pages du livre. Sa vie entière, il sera entraîné par les événements, n'ayant aucune prise sur son propre destin, sans même de réaction véritable. Comme le héros de Novembre, qui se promène dans les musées en contemplant ces personnages factices, immobiles et toujours jeunes dans leur vie idéale, « [...] et qui voient passer devant eux la foule, sans déranger leur tête, sans ôter la main de dessus leur épée, et dont les yeux brilleront quand [leurs] petits-fils seront ensevelis [31] », Frédéric rêve sa vie comme une attente perpétuelle, dans un temps suspendu, indéfini. Et même, il éprouve obscurément certain goût pour ce manque à vivre, pour ce masochisme du temps perdu, de ce qui est tronqué, amputé, tout comme le héros de Novembre (l'une des esquisses lointaines de Frédéric) « [...] se perdait en contemplation devant les statues antiques, surtout celles qui étaient mutilées ». Il y a du masochisme dans cette passivité à moitié consentie, comme nous le rappelle Jean Lacroix [32].

Marie Arnoux, c'est quelque chose qui manque à Frédéric, qu'il attend sans cesse et qui n'arrive jamais parce qu'il fait en sorte que cela demeure lointain, inaccessible, sur un piédestal, toujours éclairé par derrière comme une idole en gloire. Et si Marie Arnoux, comme la Marie de Novembre, se précipitait tout à coup sur Frédéric comme l'autre sur son petit camarade, « [...] le couvrant de tout [son] corps et

---

31. Œuvres, t. II, p. 532.
32. « Le masochiste est celui qui vit l'attente à l'état pur. Ce qui exclut le sensualisme, sinon la sensualité. [...] Dans les romans de Masoch, les amours trouvent leur origine dans l'œuvre d'art. L'apprentissage se fait avec des femmes de pierre. Et les femmes sensibles ne sont troublantes que par leur confusion avec des statues froides sous la clarté de la lune ou des tableaux dans l'ombre. Le masochisme, c'est une « figure » spécifique des liens du glacé, du cruel et du sentimental » (Jean Lacroix, « Sacher-Masoch », le Monde, 28-29 mai 1967).

l'embrassant à la bouche » en se mettant à crier : « Aime-moi donc ! », il se dégagerait d'elle et s'enfuirait, terrorisé.

Il se laisse porter par les événements : il met un terme à son hésitation en se faisant conduire chez elle en fiacre, comme s'il ne pouvait plus, dès lors, revenir en arrière ; il court à la gare pour aller la voir à Creil et une fois dans le wagon, se remet à éprouver des hésitations ; mais c'est trop tard : le train l'emporte. Et quand, sonnant à l'appartement de la rue de Choiseul, on lui répond : « Madame est sortie », il éprouve « [...] une délivrance, et comme un fardeau de moins sur son cœur [33] ». Dans la berline, au retour des courses avec Rosanette, il se « laisse aller » au bercement des soupentes ; puis il s'affaisse sur le divan rouge, au Café Anglais ; de même Henry, dans la première *Éducation,* « [...] se laissait aller au mouvement de la voiture » ; tout comme avec Mme Renaud, pendant leur liaison : « [...] ils montaient dans un fiacre [...], se laissaient aller silencieusement au balancement de la vieille boîte peinte qui les promenait partout le long des boulevards [34]. » Frédéric passe sa vie ballotté par le sort, dont il n'est jamais responsable, qui l'entraîne, qui l'emporte ; il a le sentiment d'agir, de progresser, mais il reste toujours à la même place, il n'est jamais plus « avancé » : c'est le bateau de Montereau qui le promène sur la Seine, c'est un fiacre qui le conduit vers nulle part.

Tout le personnage tient dans cette phrase aux allures d'aphorisme : « L'action, pour certains hommes, est d'autant impraticable que le désir est plus fort [35]. » On voit assez l'ironie d'une situation où les Dambreuse, Deslauriers, puis Rosanette croient tour à tour Frédéric l'amant de Marie Arnoux, la Maréchale lui jetant même d'aller retrouver l' « autre », qu'elle ne veut pas des restes de l'autre. Alors que, justement, Marie Arnoux, comme Mme Dambreuse, est persuadée qu'il est l'amant de Rosanette. Frédéric est ballotté entre les femmes, comme dans un jeu qui fausserait toutes

---

33. *Œuvres,* t. II, p. 86.
34. Première *Éducation sentimentale,* Éditions du Seuil, p. 124.
35. *Œuvres,* t. II, p. 201.

les perspectives, de la même façon qu'il *est agi* au gré des circonstances comme le bouchon qui danse sur l'eau.

Cette disposition à la passivité le conduit même à envisager sa propre mort : il rêve sa mort comme une passivité absolue, bienheureuse, où tous les problèmes seraient résolus, où il n'aurait plus à affronter ces difficultés, ces obstacles perpétuels à la réalisation de ses phantasmes. Au moment de sa « ruine », quand sa mère lui apprend le triste état de sa fortune (avant l'héritage inattendu), plutôt que de partir à Paris pauvre, comme il en a d'abord l'idée, il décide de rester à Nogent, de « s'enterrer » : « Elle me croira mort, et me regrettera... peut-être [36]. » Dès lors, « [...] il s'accoutumait à la province, s'y enfonçait ; — et même son amour avait pris comme une douceur funèbre, un charme assoupissant ». Bien plus : désormais « Mme Arnoux était pour lui comme une morte dont il s'étonnait de ne pas reconnaître le tombeau [37] ». Plus tard, la fortune venue, alors qu'il rentre des courses avec Rosanette, il est chaviré à l'idée que Mme Arnoux les a vus ensemble ; et tandis que Cisy, Hussonnet et la Maréchale proposent d'aller dîner au Café Anglais, on le voit « [...] lassé, plein de désirs contradictoires et ne sachant même plus ce qu'il voulait », éprouvant « une sensation de tristesse démesurée, une envie de mourir [38] ». C'est pour lui la voie la plus logique, cette tentation de se laisser aller une fois de plus, de se laisser couler dans l'abandon absolu. Une autre fois enfin, à la veille du duel avec Cisy : « Si j'étais tué cependant ? Mon père est mort de la même façon. Oui, je serai tué ! Et tout à coup, il aperçut sa mère, en robe noire ; des images incohérentes se déroulèrent dans sa tête [39]. »

On retrouve cette idée de la chute au néant, de façon plus nette encore, en étudiant le premier de trois motifs essentiels pour mieux cerner le personnage de Frédéric : l'eau, le rêve et le vertige. On peut dire que *l'Éducation sentimentale* est un roman d'eau, de brume et de brouil-

---

36. *Œuvres*, t. **II, p.** 124.
37. *Ibid.*, **p.** 129.
38. *Ibid.*, **p.** 238.
39. *Ibid.*, **p.** 257.

lard. Comme l'a signalé Victor Brombert, les images de dissolution, de liquéfaction, sont ici d'une extrême importance [40].
Au tout début, la promenade de Frédéric et Deslauriers se
déroule dans la nuit de Nogent, alors qu'au loin des vapeurs
estompent les prairies ; ils marchent dans l'odeur des feuillages
humides, dans le murmure de la chute de la prise d'eau, « [...]
avec ces gros bruits doux que font les ondes dans les ténèbres [41] ». À Paris ce sera le lourd brouillard, les ténèbres humides qui enveloppent Frédéric, « descendant indéfiniment dans
son cœur [42] » : pluie torrentielle qui transforme les rues de Paris
en ruisseaux ; vapeurs animales qui montent des attelages, sur
les Champs-Élysées, dans le soleil couchant : telle est l'atmosphère habituelle du roman. Pendant qu'il attend interminable-
ment Regimbart dans un café, Frédéric, qui n'a pourtant pas
soif, absorbe un alcool après l'autre : rhum, kirsh, curaçao,
grogs chauds ou froids. Liquides de toutes sortes, dont la
présence constante renvoie à l'idée du temps qui s'écoule, dans
l'attente, dans le vide. Cela passe, cela s'en va.

À la fin de l'attente exaspérée dans le
café, pendant que dehors la pluie tombe à torrent, Flaubert
écrit : « [...] si les regards pouvaient user les choses, Frédéric
aurait dissous l'horloge à force d'attacher les yeux dessus [43]. »
La même image de dissolution, appliquée cette fois à Frédéric,
revient au moment de l'attente vaine, rue Tronchet : « Il se
sentait dissoudre d'accablement [44]. » Jusqu'à la fin du règne
de Louis-Philippe qui est exprimée en termes de liquéfaction

40. « The Seine is where the destinies of Mme Arnoux and Frédéric
    meet, and it is also where, in the very first pages, they prophetically
    separate. The Seine is part of the Parisian landscape [...]. But
    although Flaubert was far from insensitive to its beauty, it is, in
    l'Éducation sentimentale, a river of sadness and of cruel indifferen-
    ce. Frédéric, in his despondant moments, watches the river flow
    between the somber quays blackened by the seams of the sewers.
    [...] Flaubert's Seine has no definite colour (it is jaunâtre — vaguely
    yellow). It is a river associated with loss and tragic unconcern.
    An old man cries ; his son was probably killed during the uprising :
    « The Seine flowed calmly. » Tears and dirty waters—they are part
    of the same scenery » (Victor Brombert, The Novels of Flaubert,
    p. 147).
41. Œuvres, t. II, p. 47.
42. Ibid., p. 55.
43. Ibid., p. 137.
44. Ibid., p. 310.

(ou de liquidation) : « La monarchie se fondait dans une dissolution rapide [45]. » D'autres images encore, aussi explicites : le courant des voitures sur les Champs-Élysées, comme un flot qui s'écoule ; la foule parisienne sur les boulevards ; la masse tumultueuse des manifestants, perçue par Frédéric comme « un immense flot ondulant » ; plus tard, « le flot vertigineux » du peuple au sac des Tuileries, « [...] comme un fleuve refoulé par une marée d'équinoxe, avec un long mugissement », d'où émerge, vaguement, « le clapotement des voix [46] ».

Mais, plus profondément, la mort. Comme le héros de *Novembre* qui se sent appelé par les voix de l'abîme, des flots qui s'ouvrent comme un tombeau, prêts à se refermer sur lui, à l'envelopper, à l'engloutir. C'est Jules, dans la première *Éducation,* qui rêve à son suicide : « [...] la mousse montait le long du mur et courait vers moi, comme pour me prendre, le torrent parlait et m'appelait à lui [47]. » Et c'est Frédéric Moreau, errant dans la nuit de Paris, qui se trouve tout à coup sur le pont de la Concorde : « [...] à moitié endormi, mouillé par le brouillard et tout plein de larmes, il se demanda pourquoi n'en pas finir ? Rien qu'un mouvement à faire ! Le poids de son front l'entraînait, il voyait son cadavre flottant sur l'eau [48]. » On sait, depuis Bachelard, que l'eau est l'élément du suicide masochiste, sans orgueil ni vengeance. Et non seulement l'élément du suicide, mais aussi de la mort quotidienne : « L'être voué à l'eau est un être en vertige. Il meurt à chaque minute, sans cesse quelque chose de sa substance s'écroule [49]. » Ainsi Frédéric, emporté dans le courant du temps qui passe et de l'attente indéfinie.

Le tragique ne naît pas d'une brusque interruption de la vie, ou d'événements funestes qui surviendraient dans le cours d'une existence, mais de la continuité même de ce flot de petits désespoirs et d'autodestruction.

45. *Œuvres,* t. II, p. 317.
46. *Ibid.,* p. 320.
47. Première *Éducation sentimentale,* Éditions du Seuil, p. 118.
48. *Œuvres,* t. II, p. 109.
49. Gaston Bachelard, *l'Eau et les rêves,* Paris, Librairie José Corti, 1960, p. 9.

Victor Brombert l'a très bien vu : la banqueroute de toute une génération apparaît ici à travers le flottement d'un individu, lui-même victime d'une lente désintégration. Et à la fin, assistant à la vente du mobilier et des vêtements de Marie Arnoux, symbole admirable de la liquidation d'une vie, Frédéric est pris d'un engourdissement de fatigue, d'une torpeur funèbre, il va à une dissolution intérieure.

Le second motif qui se dégage peu à peu, au fur et à mesure de la ruine progressive du héros, est celui du rêve. Frédéric nous apparaît en effet comme possédé par « la tranquillité d'un promeneur dont les pieds auraient cessé d'effleurer la terre [50] », selon l'expression de Jean-Pierre Richard. Destin de somnanbule, existence flottante du rêveur qui ne peut qu'imaginer la vie, sans cesse heurté par la dure exigence du réel, qui oscille sans cesse entre ces blessures quotidiennes et de nouvelles projections idéales. Nostalgie de l'impossible, de l'irréalisable ; tristesse du futur, stérilité forcée par les représentations. Dans l'article cité plus haut, Jean Lacroix rappelle comment « imaginer, c'est se libérer du réel pour s'ouvrir à autre chose, qu'on peut appeler, sans nuance morale, l'idéal. En ce sens, la dénégation du réel et la référence à l'idéal sont liées au suspens et à l'attente [51] ». Toute la vie de Frédéric se passe à rêver et à attendre que *cela* arrive. Ce motif prend en vérité deux aspects dans *l'Éducation sentimentale*.

Il y a d'abord toutes les imaginations stériles, les rêveries de carrières fulgurante, de richesses et d'exotisme, les rêveries sur la femme. Puis, à partir de scènes du réel, le rêve qui débouche sur le vertige et, presque, l'hallucination (le flot des voitures aux Champs-Élysées, le bal endiablé chez Rosanette, une réception chez les Dambreuse), comme si le monde, dès lors qu'il y retombe, existait *trop* pour Frédéric et le conduisait toujours au bord de l'évanouissement.

D'une part donc, on trouve Frédéric s'imaginant en peintre célèbre, achetant même tout un matériel d'artiste ; en compositeur génial, rêvant des symphonies, louant

50. Jean-Pierre Richard, *Littérature et sensation*, p. 194.
51. Jean Lacroix, « Sacher-Masoch », *le Monde*, 28-29 mai 1967.

un piano et faisant des valses allemandes ; en avocat éminent ; en orateur fameux ; en romancier brillant, écrivant même les premiers paragraphes d'une histoire belle et triste. Et, de plans en projets, il verse dans les rêveries vagues et désordonnées : « [...] plans d'ouvrages, projets de conduite, élancement vers l'avenir [52]. » Avec la fortune, le nombre des évasions augmente : il achète des récits de voyage, des atlas, des dictionnaires. Tout comme Jules dans la première *Éducation,* il ne lit rien de tout cela : il se contente de rêver dessus. Voulant composer une histoire de la Renaissance, il entasse sur sa table les humanistes, les philosophes, les poètes, Machiavel ; il va au cabinet des estampes. Le seul fruit de cet affairement sera « une certaine sérénité », bien momentanée du reste, car, écrit Flaubert : « En plongeant dans la personnalité des autres, il oublia la sienne, ce qui est la seule manière peut-être de n'en pas souffrir [53]. »

Les rêves de fortune et d'exotisme nous ramènent au thème de l'expansion cosmique : être partout à la fois, posséder des trésors immenses, c'est encore tenter d'échapper à l'obsession du néant, à la hantise de la disparition : rêver de tout avoir et de toujours être ailleurs, revient au vieux désir d'avaler le monde pour être sûr qu'il ne nous échappe pas. Au-delà d'une fascination de l'Orient propre à cette époque, il faut également voir dans ces extravagances une part de la fascination qu'éprouve Flaubert devant la matière, les objets : marbre, pourpre, divans en plumes de colibris, tapis en peau de cygne, fauteuils d'ébène, parquets d'écaille, candélabres d'or massif, lampes taillées dans l'émeraude. Et ces paysages fabuleux sont bien faits pour alimenter la rêverie, ces pays à moitié imaginaires où la vie se passe sans effort, dans un perpétuel émerveillement des sens, dans une sorte de temps immobile. La correspondance et le carnet de 1841 nous livrent des rêves identiques à ceux de Frédéric vingt ans plus tard : « Souvent je suis dans l'Inde, à l'ombre des bananiers, assis sur des nattes, les bayadères dansent, les cygnes s'arrondissent dans des lacs bleus, la nature palpite d'amour [54]. »

---

52. *Œuvres,* t. II, p. 96.
53. *Ibid.,* p. 216.
54. *Souvenirs, notes et pensées intimes,* p. 59.

Ces visions de contrées fabuleuses finissent par ne plus constituer qu'un fond de scène, un décor peint devant lequel l'imagination de Frédéric fige les acteurs, qui en sont réduits à leur tour à l'état de figurants immobiles, gardant la pose : « Ils voyageraient, ils iraient en Italie, en Orient ! Et il l'apercevait debout sur un monticule, contemplant un paysage, ou bien appuyé à son bras dans une galerie florentine, s'arrêtant devant les tableaux [55]. » Tout est sans cesse ramené à des attitudes, à des postures qui sont autant d'illusions, de faux-semblants. Au printemps de 1848, Frédéric rêve la mort d'Arnoux : « Et, tout de suite, des tableaux à n'en plus finir se déroulèrent. Il s'aperçut avec elle, la nuit, dans une chaise de poste [56]. » Toujours la même boîte, la même voiture fermée dont le mouvement endort, et qui vous promène, qui vous *véhicule*. Ils sont emportés, mais justement immobiles, figés devant le déroulement des paysages.

Du rêve à l'hallucination il n'y a qu'un pas, aisément franchi puisque seule la densité, l'intensité de cette rêverie y conduit. Rêve « réel » d'abord, étrangement masochiste, au retour du bal masqué où Rosanette était costumée en dragon Louis XV : « [...] il lui semblait qu'il était attelé près d'Arnoux, au timon d'un fiacre, et que la Maréchale, à califourchon sur lui, l'éventrait avec ses éperons d'or [57]. » On trouve une vision un peu semblable dans le carnet intime de 1841, alors que Flaubert rêve à une femme : « [...] tu marcheras sur moi et j'embrasserai tes pieds en pleurant [58]. » Mais c'est là le seul exemple de tout le roman. La plupart du temps, nous ne rencontrons que « l'hallucination simple ». « Avec la netteté d'une hallucination, il s'aperçut près d'elle, chez elle [59]. » « Sa rêverie devint tellement profonde, qu'il eut une sorte d'hallucination. [...] Et il lui semblait entendre sa voix [60]. » Des flots d'images déferlent en lui, en un mouvement accéléré, « si tumultueusement qu'il sentait la tête lui tour-

---

55. *Œuvres,* t. II, p. 285.
56. *Ibid.,* p. 346-347.
57. *Ibid.,* p. 159.
58. *Souvenirs, notes et pensées intimes,* p. 69.
59. *Œuvres,* t. II, p. 129.
60. *Ibid.,* p. 390.

ner [61] ». C'est un des motifs extrêmement fréquents dans *l'Éducation sentimentale,* et que l'on retrouve toujours au moment où le réel semble basculer dans le rêve, à force d'accélération, de chatoiement. On se rappelle ce mouvement étourdissant des voitures sur les Champs-Élysées, qui provoque chez Frédéric une sorte d'hébétude.

Il perd pied, littéralement, dans ce monde qui chavire durant les journées de février 1848 ; de même à l'Alhambra où Jacques Arnoux l'a entraîné, le mouvement saccadé, le rythme endiablé auquel tourne cette foule bariolée, lui causent presque un malaise ; ces scènes sont toutes traitées d'une façon qui touche au grotesque : les musiciens « dans des postures de singes », raclent et soufflent impétueusement ; le chef d'orchestre bat la mesure comme une poupée mécanique ; tout cela saute en cadence, et Deslauriers se démène au milieu des quadrilles « comme une grande marionnette [62] » : le bruit et le tournoiement se mêlent au point de ne plus former qu'un magma sonore et coloré ; les danseurs envahissent les allées, les trombones rugissent, le rythme s'accélère et là-dedans des pétards éclatent qui achèvent de mettre un comble à cette agitation trépidante. Au bal chez Rosanette, la chaleur, le vacarme et l'envol des jupes, des écharpes qui tournent dans le quadrille, ahurissent encore Frédéric, « communiquant à sa pensée une sorte d'ivresse [63] ».

Rentré chez lui, « Il se sentait quelque peu étourdi, comme un homme qui descend d'un vaisseau [64] ». Au bal chez les Dambreuse :

« [...] les blanches scintillations des diamants qui tremblaient en aigrettes dans les chevelures, les taches lumineuses des pierreries étalées sur les poitrines, et l'éclat doux des perles accompagnant les visages se mêlaient au miroitement des anneaux d'or, aux dentelles, à la poudre, aux plumes, au vermillon des petites bouches, à la nacre des dents [65]. »

61. *Œuvres,* t. II, p. 130.
62. *Ibid.,* p. 103.
63. *Ibid.,* p. 151.
64. *Ibid.,* p. 159.
65. *Ibid.,* p. 191.

Ces tremblements, ces gouttes de lumière prennent aux yeux de Frédéric l'aspect d'un spectacle regardé au travers d'une vitre embuée : il ne peut parvenir à reconstituer une cohérence, une solidité du réel ; l'immédiate évidence de ce monde dont il a si souvent rêvé est trop forte pour qu'il puisse en éprouver une juste perception : il croit rêver, à la lettre, il vit cet instant comme un effort pour rassembler les fragments d'un rêve.

Frédéric nous paraît toujours au bord de l'évanouissement, dès qu'il doit affronter une réalité qui contredit ses projections intérieures. Arrivant à Creil pour voir Marie Arnoux, il va entrer dans une fabrique où des ouvriers le regardent, étonnés : on ne connaît pas d'Arnoux. Il sort alors dans la cour, « [...] chancelant comme un homme ivre », « [...] l'air tellement ahuri » qu'un passant lui demande s'il cherche quelque chose.

Ayant enfin trouvé Marie, elle le reçoit de telle sorte qu'il repart anéanti : « Il marchait cependant, mais sans rien voir, au hasard ; il se heurtait contre les pierres ; il se trompa de chemin [66]. »

Plus tard, voulant faire à Marie une visite, plein de confiance et d'enthousiasme, on lui répond que Madame n'est pas là. Il reste sur le palier, « [...] étourdi de fureur et d'indignation [67] ». Pendant l'attente rue Tronchet, il il se sent « dissoudre d'accablement » : « Quand il vit quatre heures à sa montre, il éprouva comme un vertige, une épouvante. » Il en ressent « des faiblesses à s'évanouir [68] ». À la fin du roman, au moment où il apprend qu'Arnoux, ruiné, songe à « s'embarquer », une seule idée surgit en lui : il faut trouver douze mille francs ou il ne LA reverra plus ! Et l'horreur de cette perspective le fait « chanceler » sur le trottoir. Quand il rentre, Rosanette lui demandant s'il a fait les démarches pour l'embaumement de leur enfant mort, il répond qu'il

---

66. *Œuvres*, t. II, p. 231.
67. *Ibid.*, p. 301.
68. *Ibid.*, p. 310.

n'en a pas eu le courage, qu'il a marché au hasard, dans les rues, « pour s'étourdir ». On se souvient, enfin, de la « torpeur funèbre » qui s'empare de lui à la vente Arnoux.

Mais Frédéric est également pris d'étourdissement au moment où un événement heureux se produit, auquel il n'avait pas rêvé. Quand M. Dambreuse lui suggère de se présenter à la députation, en mars 1848, « [...] une sorte de vertige l'éblouit. [...] Déjà, il se voyait [...] ; et ce prurit, cette hallucination devint si forte, qu'il s'en ouvrit à Dussardier [69] ». Un jour qu'il rencontre dans la rue, par hasard, Marie Arnoux à qui il avait momentanément cessé de penser, « Il eut comme un vertige. [...] et le vieil amour se réveilla [70] ». Mme Dambreuse, à la mort de son mari, lui demandant s'il veut l'épouser, il croit d'abord n'avoir pas compris, tant l'offre de cette richesse l'étourdit.

Mais le premier éblouissement, dont le récit arrive tout à la fin comme pour boucler la boucle et éclairer, de façon rétrospective, la suite des malaises de Frédéric, c'est celui de l'épisode de la Turque, aux vacances de 1837 (il avait quinze ans) : « [...] la chaleur qu'il faisait, l'appréhension de l'inconnu, une espèce de remords, et jusqu'au plaisir de voir, d'un seul coup d'œil, tant de femmes à sa disposition, l'émurent tellement, qu'il devint très pâle, et restait sans avancer, sans rien dire [71]. » Et il s'enfuit, pris de panique. Cette histoire que Frédéric et Deslauriers se content, « prolixement », trente-deux ans plus tard, chacun ajoutant les détails qui manquent à l'autre, constitue la préfiguration parfaite de cette vie de projets stériles et de rêves avortés. Tout le reste, les espoirs trompés, les échecs constants, et jusqu'au refuge dans l'imaginaire, est à considérer à partir de cette défaite initiale où s'amorce l'espèce de distanciation par rapport au réel, le glissement perpétuel à la rêverie, dans un monde lointain où Frédéric s'enfonce à mesure que le roman progresse.

69. *Œuvres*, t. II, p. 329.
70. *Ibid.*, p. 372.
71. *Œuvres*, t. II, p. 456.

Ce flottement constant le situe toujours plus en deçà, entre le « pas encore » et le « déjà plus [72] ».

Le présent échappe à toute prise, l'avenir est incertain et le passé n'est même pas plus sûr puisqu'il s'avère n'avoir jamais été vécu comme présent. Ce « présent effondré avant d'avoir eu lieu » constitue le seul temps véritable de *l'Éducation sentimentale*. Ce présent escamoté, c'est aussi le temps vécu, senti par Flaubert, qui écrit à Louise Colet en 1846 : « Dans notre appétit de la vie nous remangeons nos sensations d'autrefois, nous rêvons celles de l'avenir. Le monde n'est pas assez large pour l'âme ; elle étouffe dans l'heure présente [73]. » Et à Jules Duplan, une dizaine d'années plus tard : « Le meilleur de la vie se passe à dire : « Il est trop tôt », puis : « Il est trop tard [74]. » Car ne pouvant arriver à vivre le présent comme mesure du réel, il ne reste à Frédéric Moreau qu'à se perdre en deçà du réel, dans une sorte de perpétuelle absence, hors du temps, à mi-chemin entre un « présent passé » réinventé et un « présent futur » imaginaire.

La fin du roman, — et la fin de l'éducation sentimentale de Frédéric — surviennent au moment où il prend conscience de cette incapacité à coïncider avec la vie-maintenant, quand il commence à évaluer l'échec de sa propre histoire ; quand il comprend que ce « défaut de ligne droite » n'est autre que son impuissance à se définir clairement, à se situer, à simplement vouloir, son inaptitude à prendre pied fermement dans la réalité. Il a quarante-sept ans : c'est trop tard, une fois de plus ; mais désormais il le sait, il a commencé d'accéder à une certaine connaissance de lui-même.

72. « Frédéric Moreau ne sait pas vivre le présent [...]. Plus il s'élance par la pensée dans les régions problématiques et brillantes de l'avenir, plus il est ramené à un état antérieur de sa vie réelle, et le roman ne fait que le conduire ainsi, de rêves en espoirs irréalisés, à cette adolescence qui est déjà passée au début du livre, et qui se révèle, à la fin, avoir été le but du voyage » (A. Adamov et M. Robert, « L'art et la vie de Gustave Flaubert », *Cahiers Renaud-Barrault*, n° 59, Paris, Gallimard, 1967, p. 91).
73. *Correspondance*, t. I, p. 253.
74. *Ibid.*, t. IV, p. 202.

L'Éducation sentimentale est le roman de l'apprentissage par le vide, de l'apprentissage du néant. C'est le roman de l'an-événement, des choses qui se passent sans que rien n'arrive vraiment. Roman non romanesque, à la façon d'un film au négatif, où toutes les lumières donnent de l'ombre, où l'ombre est lumineuse. À un certain niveau, et de façon assez invraisemblable, *l'Éducation* est un roman qui n'existe pas, où chaque page est écrite comme en équilibre au bord du silence, de la non-signification. On est à la frontière exacte entre le roman et l'absence de roman, alors que seules, à la rigueur, l'écriture mise à part, les choses existent vraiment, comme palpables, matérielles, et seules permanences. Les personnages, eux, semblent voguer sur un tapis roulant, ou véhiculés sur des escaliers mobiles, transportés, montant, descendant, se croisant parfois, toujours en mouvement mais eux-mêmes figés, s'espérant, s'oubliant, emportés hors du champ des regards échangés.

Et pourtant, il n'est pas question de douter un seul instant de leur présence, de leur vérité d'individus. Frédéric Moreau existe tout autant que Rastignac, par exemple, mais d'une existence moins immédiate, plus essentielle, plus condensée. Même en tant que non-héros, sa destinée est convaincante, unique et singulière. Roman sans événements, *l'Éducation sentimentale* met en branle des êtres conduits par une fatalité du monde, qui s'agitent comme entre deux eaux, à mi-chemin de la conscience et du rêve permanent. Jean Rousset a parlé du « génie du rien » à propos de *Madame Bovary ;* on peut aussi bien appliquer sa réflexion à *l'Éducation senti-mentale* [75].

---

75. « Il est dans le génie flaubertien de préférer à l'événement son reflet dans la conscience, à la passion le rêve de la passion, de substituer à l'action l'absence d'action et à toute présence un vide. Et c'est là que triomphe l'art de Flaubert ; le plus beau dans son roman, c'est ce qui ne ressemble pas à la littérature romanesque usuelle, ce sont ces grands espaces vacants ; ce n'est pas l'événement qui se contracte sous la main de Flaubert, mais ce qu'il y a entre les événements, ces étendues stagnantes où tout mouvement s'immobilise. Le miracle, c'est de réussir à donner tant d'existence et de densité à ces espaces vides, c'est de faire du plein avec du creux » (Jean Rousset, *Forme et signification*, p. 133).

Ce thème de la chute au néant, Flaubert lui a donné une dimension plus concrète encore, en nous montrant Frédéric Moreau glisser de désillusion en désillusion, jusqu'au moment où il constate enfin l'échec de son rêve le plus permanent : quand il accepte son destin et l'impossibilité d'avoir la seule femme au monde qu'il puisse aimer. Auprès de cette partie perdue, ses velléités de devenir grand écrivain ou peintre célèbre ne constituent qu'un symptôme. Du reste, il avait déjà précisément annoncé de façon révélatrice la vraie mesure de ses ambitions : à la fin de la première partie du roman, alors qu'une lettre vient de lui annoncer l'héritage inespéré, il signifie à sa mère sa détermination d'aller vivre à Paris ; Madame Moreau lui demandant : « Pour quoi y faire ? » il répond : « Rien ! » Dans ce sens, Victor Brombert souligne combien certains termes privilégiés reviennent souvent sous la plume de Flaubert ; de même « anéantir », qui révèle une tendance constante au rien, à l'absence. Mais une absence qui n'est pas extérieure, qui a sa source profonde dans une poursuite du non-être, inscrite au cœur des personnages.

Même appel, même vertige éprouvé par Emma Bovary dans l'embrasure de la mansarde, alors qu'elle s'est réfugiée au grenier pour lire la lettre de rupture de Rodolphe :

« Le rayon lumineux qui montait d'en bas directement tirait vers l'abîme le poids de son corps. Il lui semblait que le sol de la place oscillante s'élevait le long des murs, et que le plancher s'inclinait par le bout, à la manière d'un vaisseau qui tangue. Elle se tenait tout au bord, presque suspendue, entourée d'un grand espace. Le bleu du ciel l'envahissait, l'air circulait dans sa tête creuse, elle n'avait qu'à céder, qu'à se laisser prendre [76]. »

Ce vertige est plus que le seul appel du vide physique, alors que la mort apparaît à ce moment comme un acquiescement, et se confond dans l'esprit du personnage avec le bonheur. Tel est le sens, également, de l'éblouissement de Frédéric au début de *l'Éducation sentimentale,* sur le bateau

76. *Œuvres,* t. I, p. 513.

de Montereau, en apercevant pour la première fois Marie Arnoux. Et cela s'explique, en partie, par cette espèce d'immobilisme de Frédéric, sa force d'inertie intérieure : « [...] ce n'est pas lui qui marche, ce sont les choses qui se déplacent devant lui », et qui entrent en lui, en multiples sensations du monde, le laissant constamment à bout de souffle, suffoquant, au bord de l'anéantissement. C'est là, précisément, la réussite la plus extraordinaire de Flaubert, d'avoir fait du plein avec du vide, comme l'a vu Georges Lukacs [77].

C'est là, finalement, le contour exact cerné par Flaubert dans l'Éducation sentimentale : sa vision délimite le nœud du problème de l'être en vertige face au néant, et il a donné à cette vision un cadre ordinaire, où s'agitent des personnages de tous les jours (et plus « pauvres » encore, plus démunis, voire tout à fait médiocres, presque méprisables de faiblesse et de veulerie) ; comme ces drames insondables derrière les façades calmes et anonymes dont parle Balzac. Mais en même temps, il n'a laissé aucune place à la tragédie, aux éclats, à l'excès. Rien que la platitude, l'égalité du temps qui passe, les mesquineries inoffensives. Aucun grand sentiment (les discussions enflammées autour de l'idéal révolutionnaire s'enlisent vite). Il y aurait peut-être certaines pages où Flaubert nous montre les émeutes, les combats de rue lors des journées de février, par exemple, mais même alors, sur un fond de rumeur, de poudre et de violence, survient presque toujours un détail trivial, qui ramène la scène à une dimension plus ordinaire, immédiate, terre à terre : cette remarque de Hussonnet, pendant le sac des Tuileries : « Les héros ne sentent pas bon ! », alors que le trône, dérisoire, caricatural, est promené au-dessus des têtes, sur lequel est assis « un prolétaire à barbe noire, la chemise entr'ouverte, l'air hilare et stupide comme un magot [78] ».

77. « Par un remarquable et mélancolique paradoxe, l'échec devient l'origine de la valeur, la conscience et le vécu de ce que la vie a refusé, la source même d'où semble jaillir la plénitude de la vie. C'est à l'absence totale de toute réalisation d'un sens que Flaubert réussit à donner forme, mais cette forme s'exhausse jusqu'à la riche et parfaite plénitude d'une totalité effective de vie » (Georges Lukacs, la Théorie du roman, p. 125).
78. Œuvres, t. II, p. 320.

Comment se présente, justement, pour Flaubert lui-même, la seconde modulation du thème ? Pourquoi choisit-il de situer son roman sur ce fond d'événements qui se déroulent entre 1840 et 1851 ? Et d'abord, quel intérêt pouvait avoir pour lui ce thème de la révolution sociale et politique, les émeutes et les bouleversements qui devaient marquer le milieu du XIXe siècle français ?

On a tout dit, semble-t-il, quand on précise que Flaubert a voulu que *l'Éducation sentimentale* soit une sorte de fresque de son époque. Il l'a écrit à Mlle Leroyer de Chantepie le 6 octobre 1864 : « Je veux faire l'histoire morale des hommes de ma génération ; « sentimentale » serait plus vrai [79]. » Histoire morale, soit, mais aussi histoire des hommes de son temps. Et cette génération est celle qui a 20 ans en 1840. Il est donc normal, voire nécessaire, que les événements historiques qui constituent les fonds du roman soient ceux qui ont marqué cette époque. Comment Flaubert envisage-t-il ces dérangements politiques et sociaux ? Quel est son point de vue sur la révolution ? Et puis, de quelle façon ce point de vue personnel passera-t-il dans l'œuvre ?

Il ne faut pas chercher longtemps pour connaître le sentiment de Flaubert. La correspondance nous offre de nombreuses lettres où il se prononce ouvertement et sans appel : « Je ne m'apitoye pas davantage sur le sort des classes ouvrières actuelles que sur les esclaves antiques qui tournaient la meule, pas plus ou tout autant. » Il est vrai qu'il poursuit en dénonçant les étroitesses du racisme, ou de tout ce qui peut ressembler à un chauvinisme :

« Je ne suis pas plus moderne qu'ancien, pas plus Français que Chinois et l'idée de patrie, c'est-à-dire l'obligation où l'on est de vivre sur un coin de terre marqué en rouge ou en bleu sur la carte, et de détester les autres coins, en vert ou en bleu, m'a toujours paru étroite, bornée et d'une stupidité féroce [80]. »

Il écrira tout aussi bien, vingt-cinq ans après : « Dans une entreprise industrielle (société anonyme)

79. *Correspondance,* t. V, p. 158.
80. *Ibid.,* t. I, p. 270-271.

chaque actionnaire vote en raison de son apport. Il devrait en être ainsi dans le gouvernement d'une nation. L'argent, l'esprit et la race même doivent être comptés [81]. » On ne trouve pas chez lui beaucoup de sympathie pour les principes socialistes, et bien qu'il se déclare révolutionnaire de cœur, il défend dans le même temps le respect de l'ordre établi.

Ce qui le frappe et l'amuse, en mars 1848, c'est de voir « les mines déconfites » et « les ambitions aplaties ». Il y a une idée qui reviendra souvent dans ses lettres à partir de cette année-là : « Je ne sais si la forme nouvelle du gouvernement et de l'état social qui en résultera sera favorable à l'Art. C'est une question. On ne pourra pas être plus bourgeois, ni plus nul. Quant à plus bête, est-ce possible [82] ? » C'est le « muflisme » des gouvernements et la bêtise du peuple qui l'accablent : tous les régimes se valent et la masse n'est digne que de mépris : « Républicains, réactionnaires, rouges, bleus, tricolores, tout cela concourt d'ineptie. Il y a de quoi faire vomir les honnêtes gens, comme dirait le Garçon [83]. » C'est une boutade, mais Flaubert n'est-il pas quelque peu persuadé de faire partie de ces « honnêtes gens » qui sont à part, au-dessus des mêlées sordides, et qui se désolent en chœur ? On pourrait presque l'appeler le réactionnaire absolu, en ce sens. Après le coup d'État, il écrit : « Nous allons entrer en France dans une bien triste époque [84]. » Un peu plus tard, revient cette même forme de mépris de la masse :

« Une vérité me semble sortie de tout cela : c'est qu'on n'a nul besoin du vulgaire, de l'élément nombreux des majorités, de l'approbation, de la consécration. 89 a démoli la royauté et la noblesse, 48 la bourgeoisie et 51 le peuple. Il n'y a plus rien, qu'une tourbe canaille et imbécile. Nous sommes tous enfoncés au même niveau d'une médiocrité commune [85]. »

Plus précis encore, en septembre 1853, à Louise Colet : « Non, s.n. de Dieu, non ! Je ne peux pas

81. *Correspondance*, t. VI, p. 297.
82. *Ibid.*, t. II, p. 80.
83. *Ibid.*, p. 87.
84. *Ibid.*, supplément, t. I, p. 145.
85. *Ibid.*, t. III, p. 349.

admirer le peuple et j'ai pour lui, en masse, fort peu d'entrailles parce qu'il en est, lui, totalement dépourvu. Il y a un cœur *dans l'humanité,* mais il n'y en a point dans le peuple, car le peuple, comme la patrie, est une chose morte [86]. » Après la Commune, en septembre 1871, cet autre mot, désabusé et féroce, à George Sand : « Ah ! que je suis las de l'ignoble ouvrier, de l'inepte bourgeois, du stupide paysan et de l'odieux ecclésiastique [87] ! » Individualiste forcené, Flaubert craint par-dessus tout l'uniformisation, l'égalité, synonyme obligé, dans son esprit, de vilenie, de bassesse et de médiocrité. L'ordre social doit respecter les paliers de valeur traditionnels : que chacun se contente d'être à son niveau, et tout sera bien.

Toutefois, dans les *Souvenirs notes et pensées intimes,* cahier rédigé entre 1838 et 1841, il écrit : « Je n'ai aucun amour pour le prolétaire et je ne sympathise pas avec sa misère mais je comprends et j'entre avec lui dans sa haine contre les riches » (p. 53). Cette haine des riches, faut-il y voir une forme d'envie et de ressentiment chez Flaubert, bourgeois refusant qu'il l'est, et qui n'en est justement que plus bourgeois ? Ce serait un jugement trop court. De la même façon qu'il se sent tiraillé entre la jouissance de la matière et l'ascétisme, entre l'adhésion au monde et la contemplation pure, il honnit l'esprit bourgeois et tout ce qui est petit, mesquin, étroit ; en même temps il souhaite le maintien d'un ordre, d'une hiérarchie.

Cela rejoint précisément ce qu'il écrira à la princesse Mathilde en juillet 1876 : « Comme je ne suis pas démocrate (bien que révolutionnaire jusqu'aux moelles), je vénère ce qui est grand, j'admire ce qui est beau, et j'adore ce qui est bon [88]. » Et s'il méprise tant les socialistes, c'est qu'ils n'ont à ses yeux d'autre ambition que celle d'endormir le peuple en lui donnant du pain et des jeux :

« Le rêve du socialisme, n'est-ce pas de faire asseoir l'humanité, monstrueuse d'obésité, dans une niche toute peinte en jaune,

---

86. *Correspondance,* t. III, p. 356 (souligné par Flaubert).
87. *Ibid.,* t. VI, p. 276.
88. *Ibid.,* t. VII, p. 330.

comme dans les gares de chemin de fer, et qu'elle soit là, à se dandiner sur ses couilles, ivre, béate, les yeux clos, digérant son déjeuner et faisant sous elle [89] ? »

Et encore, dans le recueil des *Pensées* réunies par Mme Franklin-Grout : « L'idéal de l'État, selon les socialistes, n'est-il pas une espèce de vaste monstre absorbant en lui toute action individuelle, toute personnalité, toute pensée, et qui dirigera tout, sera tout [90] ? » C'est cette idée, surtout, qu'il ne peut admettre, en même temps qu'il envisage la sinistre bêtise du peule, de la masse.

Rarement on aura lu des phrases aussi méprisantes à l'égard du « nombreux » ; et d'abord parce que le nombre n'a jamais eu et n'aura jamais d'intelligence :

« [...] quant à l'intelligence des masses, voilà ce que je nie, quoi qu'il puisse advenir, parce qu'elles seront toujours *des masses*. Ce qu'il y a de considérable dans l'histoire, c'est un petit troupeau d'hommes (trois ou quatre cents par siècle, peut-être) et qui depuis Platon jusqu'à nos jours n'a pas varié ; ce sont ceux-là qui ont tout fait et qui sont la *conscience* du monde. Quant aux parties basses du corps social, vous ne les élèverez jamais [91]. »

Puis, en avril 1871, à George Sand dont il ne partage évidemment pas les vues : « Le peuple est un éternel mineur, et il sera toujours (dans la hiérarchie des éléments sociaux) au dernier rang, puisqu'il est le nombre, la masse, l'illimité [92]. » À la même, en septembre : « Je crois que la foule, le troupeau, sera toujours haïssable. Il n'y a d'important qu'un petit groupe d'esprits, toujours les mêmes, et qui se repassent le flambeau [93]. » Pécuchet sera son porte-parole quand il confiera à Bouvard, au lendemain du 2 décembre : « Puisque les bourgeois sont féroces, les ouvriers jaloux, les prêtres serviles, et que le Peuple enfin accepte tous les tyrans, pourvu qu'on lui laisse le museau dans sa gamelle, Napoléon a bien fait ! qu'il

89. *Correspondance*, t. IV. p. 33.
90. *Pensées de Gustave Flaubert*, Paris, Louis Conard, 1915, p. 21.
91. *Correspondance*, t. V, p. 197 (souligné par Flaubert).
92. *Ibid.*, t. VI, p. 228.
93. *Ibid.*, p. 281.

le bâillonne, le foule et l'extermine ! ce ne sera jamais trop pour sa haine du droit, sa lâcheté, son ineptie, son aveuglement ! » (chap. 6).

À la fois profondément conservateur et sincèrement libéral, voire anarchiste, ayant le mépris du peuple et la haine du socialisme, honnissant les bourgeois tout en désirant l'ordre, comment Flaubert allait-il fixer, dans l'Éducation sentimentale, ces événements capitaux de février et de juin 1848, de décembre 1851, les violents combats de rue, les affrontements sanglants, la répression ? Il se refusera à prendre parti dans son roman et ne donnera raison ni aux bourgeois ni aux socialistes. Dans une importante lettre à George Sand, en août 1868, il s'en explique :

« Je me suis mal exprimé si je vous ai dit que mon livre « accusera les patriotes de tout le mal » ; je ne me reconnais pas le droit d'accuser personne. Je ne crois même pas que le romancier doive exprimer son opinion sur les choses de ce monde. Il peut la communiquer, mais je n'aime pas à ce qu'il la dise (Cela fait partie de ma poétique à moi). Je me borne donc à exposer les choses telles qu'elles me paraissent, à exprimer ce qui me semble vrai. Tant pis pour les conséquences. Riches ou pauvres, vainqueurs ou vaincus, je n'admets rien de tout cela. Je ne veux avoir ni amour, ni haine, ni pitié, ni colère [...]. Les réactionnaires, du reste, seront encore moins ménagés que les autres, car ils me semblent plus criminels [94]. »

Il faut convenir qu'à aucun moment, dans le récit des émeutes ou au cours des discussions passionnées autour des événements de la révolution, Flaubert n'a laissé transparaître ses sentiments personnels, qu'il a si souvent exprimés, et de façon si entière, dans sa correspondance. Fidèle aux principes de son art romanesque et documenté comme un véritable historien : dépouillement scrupuleux des journaux de l'époque, lecture attentive des théoriciens du socialisme, vérification de mille et un détails dont il s'inquiète jusqu'à la fin de la composition, nous assurent par ailleurs que le roman com-

---

94. Correspondance, t. V, p. 396-397 (souligné par Flaubert).

porte un fond de récit absolument objectif et qui respecte la vérité de l'histoire.

Du reste, au-delà des scènes d'émeutes, du récit des barricades ou des bouleversements politiques, c'est au bilan historique que Flaubert veut nous conduire, quinze ans après les événements qu'il rapporte. Bilan objectif, constat d'échec d'une époque et de ses aspirations ; échec de la génération qui a fait 48 pour aboutir au 2 décembre. Le fond historique n'est pas qu'un décor peint devant lequel se jouerait le destin de Frédéric Moreau et défileraient les comparses ; c'est l'air même que respirent ces personnages, le climat profond qui imprègne toute la trame du roman. Et la crainte de Flaubert (que les fonds l'emportent sur les premiers plans) n'est pas justifiée. Bien au contraire, on constate à chaque page l'union intime des deux modulations du thème (ceci est particulièrement sensible dans les passages construits en double palier). Georges Duveau a signalé comment Flaubert décrit justement l'échec de 48 dans l'Éducation sentimentale. Mais de quelle façon cette modulation peut-elle constituer la trame même du roman ?

Il importe d'abord de préciser comment, par rapport à l'ensemble de l'Éducation, la modulation historique du thème, et plus précisément le récit des troubles de 1848 et 1851 tiennent une place relativement peu considérable. Flaubert s'est surtout attaché aux annonces de la révolution, puis au coup d'État, fidèle à son projet de montrer le parallèle entre l'histoire des sentiments et l'histoire politique. De la même façon que toute la vie de Frédéric Moreau est une perpétuelle attente de quelque chose qui ne se produira pas, d'une impossible réalisation de soi, de même les quelques années qui précèdent la révolution constituent une attente de plus en plus marquée, et agitée, de la libération des masses opprimées par le capitalisme naissant et les régimes politiques complices, jusqu'au moment où la France effacerait de ses armoiries le mot République, selon l'expression de M. Duveau.

« Ce qui se passe quand il ne se passe rien » : ici encore, ce sont les préparatifs, la germination des événements, l'agitation plus ou moins souterraine qui éclatera en bagarres de rues et aboutira à la mise à sac des Tuileries. Tous les espoirs nés de cette perspective du « peuple souverain » seront anéantis en décembre 1851 : ce sont ces deux pôles qui intéressent Flaubert. Mise en œuvre et bilan. Le centre des événements, quand il se passe des choses, est trop « plein », peut-être, de son propre sens, trop évident. Rien encore, et déjà plus rien : voilà l'essentiel pour Flaubert.

En fait, dans le déroulement de l'*Éducation sentimentale,* 48 n'arrive que tout à la fin de la seconde partie (chap. 6), alors que le début se développe sur le fond des signes avant-coureurs de la révolution. Dès la première rencontre de Frédéric et Deslauriers (I, 2), alors que leur premier rêve commun s'écroule (celui de « monter » étudier ensemble à Paris) : « Ces braves gens qui dorment tranquilles, c'est drôle ! Patience ! un nouveau 89 se prépare ! On est las de constitutions, de chartes, de subtilités, de mensonges [95] ! » Puis, de plus en plus nombreuses, les manifestations spontanées dont Frédéric est le témoin — et par les yeux de qui nous pouvons assister à ces débuts d'agitation :

« Un matin du mois de décembre, en se rendant au cours de procédure, il crut remarquer dans la rue Saint-Jacques plus d'animation qu'à l'ordinaire. Les étudiants sortaient précipitamment des cafés [...] ; les boutiquiers, au milieu du trottoir, regardaient d'un air inquiet ; les volets se fermaient ; et quand il arriva dans la rue Soufflot, il aperçut un grand rassemblement autour du Panthéon [96]. »

De la vue d'ensemble, Flaubert rétrécit la perspective jusqu'à un gros plan qui nous montre un incident isolé — mais toujours sur fond sonore d'environnement, comme il le fait d'habitude, de façon que le détail ne soit jamais coupé de la séquence entière :

« On huait, on sifflait les gardiens de l'ordre public ; ils commençaient à pâlir ; l'un d'eux n'y résista plus, et, avisant un petit jeune homme qui s'approchait de trop près, en lui riant au nez,

---

95. *Œuvres,* t. II, p. 47.
96. *Ibid.,* p. 58.

il le repoussa si rudement, qu'il le fit tomber cinq pas plus loin, sur le dos, devant la boutique du marchand de vin [97]. »

Deslauriers ayant enfin pu venir à Paris, on assiste, tous les samedis soirs, à la réunion des « amis » : Sénécal, Pellerin, Regimbart, Hussonnet, Dussardier, à la chambre que Frédéric partage avec Deslauriers, quai Napoléon. Ce sont d'interminables discussions : « Tous sympathisaient. D'abord, leur haine du gouvernement avait la hauteur d'un dogme indiscutable. Martinon seul tâchait de défendre Louis-Philippe [98]. »

Puis, au début de la seconde partie, Frédéric revenu à Paris après l'héritage, retrouve Deslauriers à déjeuner au Véfour, sous les arcades du Palais-Royal :

« Deslauriers, les paupières entre-closes, regardait au loin, vaguement. Sa poitrine se gonflait, et il se mit à dire : « Ah ! c'était plus beau, quand Camille Desmoulins, debout là-bas sur une table, poussait le peuple à la Bastille ! On vivait dans ce temps-là, on pouvait s'affirmer, prouver sa force ! [...] Bah ! l'avenir est gros [99] ! »

Nous ne sommes encore qu'en décembre 1845. D'autres annonces de la révolution, au déjeuner des « amis », chez Frédéric, début 1846, alors que Deslauriers (« futur Mirabeau ») :

« [...] prit son verre, se leva, et, le poing sur la hanche, l'œil allumé : — Je bois à la destruction complète de l'ordre actuel, c'est-à-dire de tout ce qu'on nomme Privilège, Monopole, Direction, Hiérarchie, Autorité, État ! et, d'une voix plus haute : « que je voudrais briser comme ceci ! » en lançant sur la table le beau verre à patte, qui se fracassa en mille morceaux [100]. »

Puis c'est Sénécal, printemps 1847, qui prédit une révolution, discourant « sur le suffrage universel, d'où devait résulter le triomphe de la démocratie [101] ».

---

97. *Œuvres,* t. II, p. 61.
98. *Ibid.,* p. 88.
99. *Ibid.,* p. 143.
100. *Ibid.,* p. 170.
101. *Ibid.,* p. 293.

Mais qu'en est-il de Deslauriers, second volet d'un étrange diptyque dont le répondant est Frédéric Moreau. Ambitions grandioses, comme l'autre, mais une différence essentielle : Deslauriers est ce que nous pourrions appeler un activiste, et un « fonceur ». Aigri, en plus, après une enfance accoutumée aux coups de la colère paternelle, ses ambitions sociales et politiques ne traduisent qu'un intérêt forcené, une volonté de puissance un peu courte et plus bruyante que dangereuse.

Alors que Frédéric se morfond d'inquiétude amoureuse et de mélancolie anticipée, Deslauriers, lui, rêve de richesse et de commandement : « Il aurait voulu remuer beaucoup de monde, faire beaucoup de bruit, avoir trois secrétaires sous ses ordres, et un grand dîner politique une fois par semaine [102]. » Naïf, aussi, voyant le monde à travers une série de clichés, de formules ; malhonnête, mais surtout animé d'un curieux sentiment vis-à-vis de Frédéric — admiration et envie — qui lui fera jouer un double jeu assez mesquin avec son ami, au moment où il dénigre Frédéric auprès de Mme Arnoux, en lui disant qu'il est parti épouser Louise Roque à Nogent, et croyant ainsi se rapprocher d'elle. Cette démarche, du reste, lui est inspirée dans un mouvement extrêmement ambigu, alors qu'il se « substitue » à Frédéric, « [...] s'imaginant presque être lui, par une singulière évolution intellectuelle où il y avait à la fois de la vengeance et de la sympathie, de l'imitation et de l'audace [103] ». Ce désir plus ou moins inconscient de prendre la place de son ami s'explique certainement par l'espèce de fascination exercée sur lui par Frédéric : « [...] il songea à la personne même de Frédéric. Elle avait toujours exercé sur lui un charme presque féminin. »

Comme Frédéric, néanmoins, Deslauriers est un personnage voué à l'insuccès, à la faillite, depuis l'échec au concours d'agrégation, le projet de journal politique qui s'écroule, jusqu'au jour où il doit vendre sa montre, sa bibliothèque, son linge ; son destin est fait de sommets et de chutes alternés : nommé préfet, il se compromet par excès de zèle

---

102. *Œuvres*, t. II, p. 85.
103. *Ibid.*, p. 276.

et il est destitué ; après quoi il remplit vingt fonctions disparates, de secrétaire d'un pacha à courtier d'assurances ; ayant épousé Louise Roque, celle-ci s'enfuira avec un chanteur. Là encore, la réalité se dérobe, mais alors que la défaite de Frédéric est celle d'un passif qui hésite toute sa vie devant la décision à prendre, devant le geste à poser, la chute de Deslauriers est justement celle d'un activiste, qui s'est agité dans toutes les directions, et qui a constamment lâché la proie pour l'ombre.

Dussardier, l'authentique « quarante-hui-tard », au cœur simple, honnête, est l'un des rares qui aille jusqu'au bout de sa vérité, victime de cette révolution pour laquelle il aura combattu de toutes ses forces. Il n'aura tout de même pas été dupe jusqu'à la fin, malgré sa naïveté. À côté de lui, le socialiste Sénécal, doctrinaire intransigeant, fait figure d'obsédé de l'ordre, réclamant pour l'humanité, avec les théori-ciens qu'il dévore, « le niveau de la caserne » ; mais une caserne dont il serait l'adjudant. Aussi bien le verra-t-on, au soir du 4 décembre 1851, agent de police au service du coup d'État, assassiner Dussardier sur le boulevard, dans le mouvement de répression. Pellerin qui rêve, lui, de révolution esthétique, tour-menté par « des convoitises de gloire et perdant ses jours en discussions, croyant à mille niaiseries, aux systèmes, aux criti-ques, à l'importance d'un règlement ou d'une réforme en ma-tière d'art [104] », n'aura encore, à cinquante ans, produit que des ébauches. Autre rêveur éveillé, dont la vie se passera à imaginer les chefs-d'œuvre qu'il ne peint jamais, qu'il ne fait qu'esquisser à grands gestes dans l'air : Regimbart, « le citoyen », autre raté par profession, toujours mécontent, opposé à tout pouvoir établi, mais sans pensée cohérente. Il s'enfonce peu à peu dans une inaction totale, jusqu'à n'être plus qu'une loque, un débris de la société.

Flaubert ne manque pas de nous présen-ter par ailleurs, dans le même temps, l'inquiétude et l'indigna-tion des possédants, et dont Frédéric, encore une fois, est pour nous le témoin. Lors d'une soirée chez le banquier Dambreuse :

104. *Œuvres*, t. II, p. 68.

« Un propriétaire disait : — C'est une classe d'hommes qui rêvent le bouleversement de la société !

« — Ils demandent l'organisation du travail ! reprit un autre. Conçoit-on cela ? [...]

« — Et des conservateurs, eux-mêmes, s'intituler progressifs ! Pour nous amener quoi ? la République ! Comme si elle était possible en France !

« Tous déclarèrent que la République était impossible en France.

« — N'importe, remarqua tout haut un monsieur. On s'occupe trop de la Révolution ; on publie là-dessus un tas d'histoires, de livres ! ...

« — Sans compter, dit Martinon, qu'il y a, peut-être, des sujets d'étude plus sérieux ! [...]

« Tout le mal gisait dans cette envie moderne de s'élever au-dessus de sa classe, d'avoir du luxe [105]. »

C'est, littéralement, l'anti-groupe des amis. Tout au long de la seconde partie du roman, on assiste à la montée confuse, mais certaine, de l'inquiétude et de l'agitation ; jusqu'au chapitre 6 de cette seconde partie, dont l'action se situe en janvier 1848, alors que Flaubert nous montre Frédéric « déblatérant contre le Pouvoir ; car il souhaitait, comme Deslauriers, un bouleversement universel, tant il était maintenant aigri [106] ».

Quant aux journées de février, nous en avons un tableau fait de plusieurs esquisses réunies. Les combats de rue, d'une part, sont saisis grâce à une technique de fondu, avec, ici et là, un éclat lumineux, une tache de couleur, un bruit isolé sur fond de rumeur confuse, un visage en gros plan, une attitude, un détail saisi sur le vif. Le 22 février, dans l'après-midi, alors que Frédéric attend en vain Marie Arnoux, « [...] en débouchant de la rue Tronchet, il entendit derrière la Madeleine une grande clameur ; il s'avança ; et il aperçut au fond de la place, à gauche, des gens en blouse et des bourgeois ».

---

105. *Œuvres*, t. II, p. 189-190.
106. *Ibid.*, p. 305.

Au fond, la place de la Concorde est remplie de monde, et la foule pressée semble, de loin, « un champ d'épis noirs qui oscillaient [107] ».

La manifestation est dispersée, et il n'y a plus qu'un « grand silence », alors que la pluie a cessé de tomber et que les nuages s'en vont, « balayés mollement par le vent d'ouest ». Le lendemain, une agitation encore imprécise règne dans les rues ; et le soir venu, alors qu'un changement de ministère déclenche la joie des Parisiens, Frédéric et Rosanette se promènent sur les boulevards : « Des lanternes vénitiennes, suspendues aux maisons, formaient des guirlandes de feux. Un fourmillement confus s'agitait en dessous ; au milieu de cette ombre, par endroits, brillaient des blancheurs de baïonnettes. Un grand brouhaha s'élevait [108]. » Puis, derrière eux, la fusillade éclate boulevard des Capucines, comme le « craquement d'une immense pièce de soie que l'on déchire ». Dans la nuit, vers une heure, la Maréchale est réveillée « par des roulements lointains ». Au matin du 24 (troisième partie, chapitre premier), réveillé par le bruit d'une fusillade, Frédéric sort et remarque « trois pavés au milieu de la voie, le commencement d'une barricade » ; alors qu'il se dirige vers le Palais-Royal, il croise « un grand jeune homme pâle, dont les cheveux noirs flottaient sur les épaules prises dans une espèce de maillot à pois de couleur », et qui court « sur la pointe de ses pantoufles, avec l'air d'un somnambule [109] ». On entend, par intervalles, une détonation.

On note donc cette sorte de procédé de distanciation utilisé par Flaubert avec, de temps en temps, un détail étrange et précis, comme enregistré et se détachant mieux encore sur la confusion de l'ensemble, et devenant par le fait même d'autant plus significatif. Aux abords de la rue de Valois : « ... un remous continuel faisait osciller la multitude. Frédéric, pris entre deux masses profondes, ne bougeait pas, fasciné d'ailleurs et s'amusant extrêmement. Les blessés qui tombaient, les morts étendus n'avaient pas l'air de vrais blessés, de vrais morts. Il lui semblait assister à un spectacle [110]. »

107. *Œuvres*, t. II, p. 308.
108. *Ibid.*, p. 315.
109. *Ibid.*, p. 316.
110. *Ibid.*, p. 318.

Les allures d'irréalité de telles scènes, cet état de rêve qui s'empare de Frédéric dans le chaos de ces moments, le procédé de Flaubert les rend plus saisissants encore, plus vertigineux. L'atmosphère d'effarement est toute dans les trois pavés au milieu de la voie, les tessons de bouteilles et les paquets de fil de fer, le maillot à pois de couleur, l'air de somnambule du jeune homme, les détonations qu'on entend par intervalles, tous ces détails incohérents, enregistrés sans ordre, dans une réalité apparemment sans suite. De même ce garde national qui « chargeait son arme et tirait, tout en conversant avec Frédéric, aussi tranquille au milieu de l'émeute qu'un horticulteur dans son jardin [111] ».

Le sac des Tuileries n'est pas traité autrement, l'envahissement du palais par le flot vertigineux de la « masse grouillante », dans « les piétinements de tous les souliers, avec le clapotement des voix », et « la foule [qui] se contentait de regarder ». « Mais, de temps à autre, un coude trop à l'étroit enfonçait une vitre ; ou bien un vase déroulait d'une console, par terre. » Et au milieu de ce tumulte, l'image grotesque du prolétaire « à barbe noire, la chemise entr'ouverte, l'air hilare et stupide comme un magot » assis sur le trône de Louis-Philippe sous un dais de velours rouge [112]. Et là encore, comme en perspective, « par le biais des portes, on n'apercevait dans l'enfilade des appartements que la masse sombre du peuple entre les dorures, sous un nuage de poussière [113] ». Vitre cassée, vase qui se fracasse par terre, se détachant de la rumeur de la foule des pillards.

Quelques mois après, en juin, de nouveaux attroupements se forment à la Bastille et au Châtelet, et refluent sur le boulevard : « [...] cela ne faisait plus qu'un grouillement énorme, une seule masse d'un bleu sombre, presque noir. » De cette masse se détachent quelques visages plus éclairés :

« Les hommes que l'on entrevoyait avaient tous les prunelles ardentes, le teint pâle, des figures amaigries par la faim, exaltées

111. *Œuvres*, t. II, p. 317.
112. *Ibid.*, p. 320.
113. *Ibid.*, p. 321.

par l'injustice. Cependant des nuages s'amoncelaient ; le ciel orageux chauffant l'électricité de la multitude, elle tourbillonnait sur elle-même, indécise, avec un large balancement de houle ; et l'on sentait dans ses profondeurs une force incalculable ; et comme l'énergie d'un élément [114]. »

Le peuple apparaît presque toujours comme une marée menaçante, ou comme un champ d'épis oscillant sous un vent de tempête. Et au milieu de scènes presque hallucinantes, un détail, rapide et précis, ponctue le déroulement de l'émeute : Frédéric, au milieu de la foule, marchant sur quelque chose de mou : « c'était la main d'un sergent en capote grise, couché la face dans le ruisseau » ; ou bien « ébranlé par le choc d'un homme qui, une balle dans les reins, tomba sur son épaule en râlant ». Puis, à côté de ces détails macabres, d'autres, presque absurdes au cœur de ces événements tragiques : « La fusillade devenait plus pressée. Les marchands de vin étaient ouverts ; on allait de temps à autre y fumer une pipe, boire une chope, puis on retournait se battre [115]. » Et pendant le sac des Tuileries : « En bas, dans une petite salle, des bols de café au lait étaient servis. Quelques-uns des curieux s'attablèrent en plaisantant [116]. » Autant de précisions irréelles, comme cette grosse pendule qui marque une heure vingt minutes, dans la salle des Maréchaux, alors que dans un autre monde, et dans un temps qui a cessé d'être celui de tous les jours, la dévastation continue.

Nous retrouvons ici une des constantes de l'art de Flaubert, plus intéressé par ce qui se passe entre les événements, les renversements de régime, les soubresauts politiques et les gestes historiques ; mais jetant une lumière saisissante sur les événements eux-mêmes. Le coup d'État n'est évoqué qu'en une rapide esquisse, et la débâcle symbolisée par le meurtre du patriote Dussardier, assassiné par Sénécal, anarchiste devenu agent des forces de l'ordre. Il est vrai que Frédéric, notre témoin, voit lui-même dès lors ses derniers espoirs anéantis :

114. *Œuvres,* t. II, p. 350.
115. *Ibid.,* p. 318.
116. *Ibid.,* p. 319.

« Le lendemain matin, son domestique lui apprit les nouvelles. L'état de siège était décrété, l'Assemblée dissoute et une partie des représentants du peuple à Mazas. [...] Des groupes nombreux stationnaient sur le boulevard. De temps à autre, une patrouille les dispersait, ils se reformaient derrière elle. On parlait librement, on vociférait contre la troupe des plaisanteries et des injures, sans rien de plus. »

Et deux jours plus tard, Dussardier tombe sous les yeux horrifiés de Frédéric en criant : « Vive la République ! »

Mais par ailleurs, les détails historiques n'ont certes pas échappé à Flaubert : la scission des conservateurs en 1836, les deux factions réunies autour de Guizot et de Thiers ; la corruption électorale et les campagnes menées par l'opposition ; le recensement décrété par Humann, ministre des Finances du cabinet Guizot, en vue du relèvement des taxes ; le projet « d'embastillement » de Paris ; l'affaire Pritchard, l'attentat Fieschi ; les Ateliers nationaux, le foisonnement des clubs et les palabres incohérents qui s'y tenaient :

« [...] les rouges et les bleus, les furibonds et les tranquilles, les puritains, les débraillés, les mystiques et les pochards, ceux où l'on décrétait la mort des rois, ceux où l'on dénonçait les fraudes de l'Épicerie ; et, partout, les locataires maudissaient les propriétaires, la blouse s'en prenait à l'habit, et les riches conspiraient contre les pauvres [117]. »

Avec une foule d'autres « affaires », tout cela passe dans les conversations, ou dans des allusions au fil du récit, confère une densité additionnelle, comme une troisième dimension de vie concrète et de réalité sous-tendant la trame du roman.

Ajoutons en outre que cette modulation du thème constitue dans *l'Éducation sentimentale* un catalyseur qui regroupe tour à tour les acteurs et assure à la syntaxe des personnages une richesse de combinaisons et de mouvements extrêmement importante : qu'on songe aux réunions des

---

117. *Œuvres*, t. **II**, p. 332.

« amis », le samedi soir, pendant toute la période d'attente ; puis, quand éclatent les troubles, aux rencontres de Frédéric : Hussonnet lors de la mise à sac des Tuileries, Arnoux peu après ; Dussardier, Pellerin et Regimbart, chacun dans sa réaction face à la révolution ; Frédéric et Delmar, Frédéric et la Vatnaz. Point de jonction de tout un cercle important de personnages, cette modulation est un ferment de cohésion et d'unité plus encore, peut-être, que l'histoire d'amour (ou de façon différente, en tout cas), parce que les événements qui s'y rapportent ont plus de solidité, plus d'épaisseur factuelle, alors que le fil de la quête amoureuse est plus ténu, plus intérieur, et soumis à des impondérables dont on mesure plus difficilement le jeu. Néanmoins, et même si plusieurs des personnages se retrouvent autour de cette modulation, les relations entre eux ne créent pas de liens profonds.

La tristesse du bilan de la fin a un goût de temps perdu, de forces gaspillées, sans discernement, d'énergies dissipées en pure perte. De même que, poussée à l'absurde, l'entreprise d'écriture de Flaubert débouche sur le silence, ainsi l'entreprise de vivre est la voie vers l'immobilité, vers la mort, car elle est une dégradation, une déperdition de forces, une détérioration. L'existence devient attente gratuite, pure tension, désir à vide, en une époque elle-même vouée à la stérilité politique et à l'imposture : les rêves collectifs, comme les autres, n'aboutissent qu'à la tromperie, les espoirs de février 1848 sont anéantis au coup d'État du 2 décembre.

III

Rythmes et temps de la dégradation

L'Éducation sentimentale se développe en moments visuels autonomes, reliés entre eux par le fil continu du temps. Ce lien profond, invisible, constitue en quelque sorte les rives entre lesquelles l'eau du temps entraîne le récit — tantôt lentement, paresseusement, tantôt selon un rythme plus précipité. La cohérence de cette sorte de discontinuité apparente est assurée de l'intérieur, *ce qui arrive* étant enfoui au cœur même de l'écoulement du temps. Mais le temps propre à *l'Éducation* est celui de l'attente, des espoirs toujours trompés et renaissant toujours, jusqu'au terme de l'éducation qui coïncide justement avec l'impossibilité d'espérer davantage (ou d'attendre encore que quelque chose se produise), et l'acceptation de la désillusion comme seule perspective.

Temps vide, temps d'absolue expectative : la fuite des heures entraîne tout, même quand il ne se passe rien : l'absence d'événements ne signifie pas l'arrêt du temps, bien au contraire. C'est précisément quand il ne se passe rien que la vie est pure défaite, et que le temps n'est plus *le temps de quelque chose,* mais le temps du temps qui passe.

Ce temps de l'attente est essentiellement celui de la dégradation, de la déperdition insensible des forces ; l'attente n'est plus que pure suspension, pure tension dans laquelle Frédéric Moreau verse tout entier et où bascule avec lui le reste de ses pauvres forces d'adhésion à la vie véritable. Ce temps brûle les énergies comme la flamme fait de l'oxygène, et laisse un peu moins de forces à chaque nouvelle attente, à chaque espoir déçu. Dans cette perspective, Flaubert ne fait jamais qu'amorcer le récit d'un événement, d'un geste ; puis, au moment où cet événement ou ce geste aboutiraient, où quelque chose arriverait, il abandonne le fil comme au hasard et laisse la séquence en suspens, floue, indéfinie, les situations et les actes se perdant alors sans transition dans une évocation du temps qu'il fait, des nuages qui passent, du moment où *cela* était au bord de se produire.

L'Éducation sentimentale est aussi une expérience de saisie du temps total, ou dépassé, dans une espèce d'éternel présent quelque part entre hier et un jour à venir, entre le pas encore et le déjà plus. C'est un idéal d'immobilisme, de silence des choses et du monde, auquel Flaubert n'a cessé de rêver, et qui rejoint sa vieille ambition du livre sur rien. Ce livre sur rien qui serait un livre muet, paralysé, le « livre blanc » absolu.

L'apparente discontinuité du roman vient du fait que les épisodes, les scènes, les dialogues, les gestes, les événements n'aboutissent presque jamais. Tout est ébauché, rien ne va jusqu'à la consommation. Il n'y a que des commencements. Et ces esquisses, même, sont données au gré de ce qu'on pourrait appeler des échantillonnages du temps. *L'Éducation sentimentale* n'est pas un procès-verbal, c'est précisément l'entre-événement qui passionne Flaubert. Et bien loin de prétendre tout raconter, il ne rêve finalement qu'à une façon de ne rien dire. Mais alors, comme un fil d'Ariane de ce silence, il étire entre ce qu'il faut tout de même considérer comme des esquisses de gestes, d'actions, de pures suggestions, une continuité fluide et insaisissable, incarnée dans deux sortes de notations temporelles, qui sont les deux rives dont nous parlions au début de ce chapitre. Dès lors, des tableaux comme les dîners

Arnoux, des séquences comme la fête à Saint-Cloud, les courses au Champ-de-Mars, le bal Dambreuse, les séjours à Nogent, la visite à Creil ou la vente aux enchères de la fin glissent à la file, soutenus par des indications de temps dont quelques-unes seulement sont extrêmement précises (heure, jour, année), alors qu'en général les notations de temps sont très vagues, ou faussement précises.

À la coulée du temps s'oppose l'écriture massive de Flaubert, qui immobilise le récit, qui tend à le paralyser en une perfection absolue. Nous retrouvons le paradoxe flaubertien : la poussée en avant, la dilatation, l'expansion, mais figées en un resserrement implacable, par une densité de style telle que les pages, les chapitres, le roman tout entier sombrent par on ne sait quelle obscure loi de la pesanteur, quelle attraction. Nous verrons trois tics d'écriture de Flaubert qui contribuent à arrêter le récit, à ralentir sans cesse son rythme, à retenir sa progression.

Flaubert est très attentif aux indications de temps : sept chapitres de l'*Éducation sentimentale* commencent par une notation temporelle : « Le 15 septembre 1840, vers six heures du matin » (I-1) ; « Deux mois plus tard » (I-3) ; « Un matin du mois de décembre » (I-4) ; « Le lendemain, avant-midi » (I-5) ; « Son retour à Paris ne lui causa point de plaisir ; c'était le soir, à la fin du mois d'août » (II-6) ; et les deux chapitres de la fin, après un « saut » de seize ans : « Vers la fin du mois de mars 1867, à la nuit tombante » (III-6), et « Vers le commencement de cet hiver » (III-7). Par ailleurs, un certain nombre de repères historiques (décembre 1841, février, juin et juillet 1848, décembre 1851) n'ont pas besoin d'être précisés ; ils constituent néanmoins des bornes au cœur du récit, marquant des points fixes dans la durée. On peut dire que les deux modulations du roman se développent en trois temps marqués d'abord par l'histoire et la révolution, et qui sont comme les trois « mouvements » du livre : d'abord un rythme lent, d'expectatives, d'espoirs, d'attentes où tout est encore possible, de projets : les premières agitations de décembre 1841, et le coup de foudre, les rêveries de Frédéric, le premier dîner Arnoux (première partie) ; puis, un mouvement rapide, la partie II et le début de la partie III : manifestations de février et de tout le printemps de 1848 ; les agitations de Frédéric, les allers et retours, le bal masqué, les courses du Champ-de-Mars ; enfin le temps tragique de la troisième partie : l'insurrection de Paris et la répression, le coup d'État ; et la débâcle intérieure de la fin chez Frédéric.

Nous avons, d'une part, ces événements historiques précisément datés. À côté, deux indications complètes : la première phrase du roman (« Le 15 septembre 1840 [...] ») ; et l'annonce de l'héritage (« Un jour, le 12 décembre 1845, vers neuf heures du matin [1] »), qui marquent chaque fois un point de départ, le coup de foudre initial et la soudaine relance en avant, et la première idée que cette fortune inattendue appelle : revoir Mme Arnoux. La plupart du temps, nous n'avons que des notations vagues : « deux mois plus tard », « les jours suivants », « à la rentrée », « un soir », « un jour », « une autre fois », « dès le lendemain », « une après-midi », etc. D'autres indications, en apparence précises, qui ne sont en fait que des trompe-l'œil, affectent de marquer très précisément le temps d'un événement : « au jour de l'an », « on entendit sonner une heure et quart », « le lendemain, dès sept heures », « à cinq heures du soir », « le lendemain, à la porte Maillot, à sept heures justes », etc. Mais, grâce à ces marques, on voit s'établir tout un réseau de moments indépendants les uns des autres, qu'il n'y a plus alors qu'à relier entre eux (par la lecture même, linéaire), comme ces énigmes de points épars sur une page et qu'il s'agit de réunir dans un certain ordre par une ligne tracée au crayon. Nous en arrivons ainsi à recréer tout un « spectre de dates harmoniques », selon l'expression de Michel Butor, une figure intelligible. Et, à la fois, ces particules confèrent au récit une fluidité, une allure de jet continu qui entraîne les éléments du livre. Le fait que ces indications soient pour la plupart très vagues, contribue à créer l'impression de temps dépassé, d'éternel présent un peu opaque, de temps du rêve, que nous analyserons à la fin de ce chapitre.

1 *Œuvres*, t. II, p. 129.

L'Éducation sentimentale se trouve moins constituée d'un rythme de pleins et de vides que de l'étirement d'une vacuité, d'un creux des choses, dans la mesure où les semblants d'événements paraissent se précipiter, où le rythme extérieur se trouve accéléré ; on n'a bientôt plus que ce glissement général dont parle Georges Poulet. Nous assistons à un déroulement continu qui pousse en avant, du passé à un avenir-présent, sauf pour quelques passages de retour en arrière (rappel de l'enfance des personnages) que Flaubert réussit chaque fois à insérer profondément dans le flot mouvant. Les détails concernant Mme Moreau, l'enfance de Marie Arnoux à Chartres, l'enfance de Rosanette ou celle de Deslauriers, ne sont qu'à peine suggérés (« en plusieurs fois », comme pour Rosanette, « sans le vouloir », « tout cela sans transition [2] »). Il n'y a que le retour de la fin, les souvenirs de collège et l'explication d'une allusion du début, qui boucle le bilan — moins pour fermer le cercle que pour éclairer de façon rétrospective tout le parcours et lui donner son sens profond. Mais la multiplicité des indications de mouvement vers un maintenant de nulle part, vers la *suite,* suffit à créer l'impression de temps qui s'écoule. Pensons à ces innombrables « lendemains » (trente-huit fois dans le récit) qui font glisser en avant de façon irrésistible.

Les fausses précisions d'heure, de jour, de mois, surviennent pour nous aider à ne pas perdre pied tout à fait, à notre tour. Ce serait aussi bien n'importe quelle heure, n'importe quel jour. Pendant le sac des Tuileries le 24 février 1848 (l'une des dates-repères objectives), quand Frédéric et Hussonnet arrivent dans la salle des Maréchaux, « une grosse pendule marquait une heure vingt minutes [3] ». Cette exactitude fixe le chaos du pillage, mais elle marque davantage que le temps ne s'arrête pas et emporte même les événements les plus extrêmes. Cette séquence n'est pas donnée en soi : elle se déroule à l'intérieur de la marche continue qui entraîne tout en une sorte de suintement, de coulée intarissable. Les tableaux de *l'Éducation sentimentale* sont à la fois là, dans le temps arrêté, immobile, et dans la fuite d'une durée indéfinie, tout

2. *Œuvres,* t. II, p. 359.
3. *Ibid.,* p. 319.

comme Frédéric, immobile sur le bateau ou dans un wagon de chemin de fer, dans une voiture, et qui est promené dans le paysage.

Le raccourci le plus spectaculaire, peut-être, et qui nous montre Flaubert dominant le temps de son récit, mais aussi en accélérant la fuite, est celui de la fin, ce « blanc » que Proust admirait plus que tout et pendant lequel « Des années passèrent ». Nous glissons sur les voyages, les paquebots, les réveils sous la tente, les retours. Au long de ces années condensées en trois lignes, l'usure s'est poursuivie, « la véhémence du désir, la fleur même de la sensation » se sont peu à peu éteintes. Les ambitions de l'esprit « avaient également diminué [4] ». Le temps poursuit son œuvre de corrosion, comme la pluie qui efface, avec les siècles, les figures des monuments, les reliefs, les aspérités. Le temps de l'Éducation sentimentale est le temps de la dégradation.

Il y a dans le roman des indications de temps qui ne sont que de simples notations de passage, notations neutres si l'on veut, et qui ne traduisent que l'idée du mouvement. À deux reprises, ces indications sont associées à la présence de l'eau qui s'écoule : revenu à Nogent, Frédéric revoit Louise Roque, et nous les trouvons dans le jardin que possède M. Roque au bout de l'île : « Assis, l'un près de l'autre, ils ramassaient devant eux des poignées de sable, puis les faisaient couler de leurs mains tout en causant. [...] Le soleil frappait la cascade ; les blocs verdâtres du petit mur où l'eau coulait apparaissaient comme sous une gaze d'argent se déroulant toujours [5]. »

Plus tard, quand Frédéric et Rosanette passent quelques jours à Fontainebleau, il y a un jet d'eau clapotant dans la cour de leur hôtel ; et le second soir, alors que les voyageurs de passage leur ont appris qu'une bataille épouvantable ensanglante Paris, « [...] ils s'endormirent au murmure du jet d'eau dans la cour [6] ». Aucun sens tragique, donc, à ce temps de l'indifférence, qui ne fait que passer.

---

4. Œuvres, t. II, p. 448-449.
5. Ibid., p. 282-283.
6. Ibid., p. 355.

La hantise de la disparition, du retour au néant et de l'inutilité de tout espoir d'échapper à ce vide auquel tout est voué, comment la dire mieux qu'en montrant le temps qui use, le temps qui défait ? Georges Lukacs a étudié ce caractère implacable de la chute romantique [7]. Ce processus de dégradation passe par l'ennui d'une saisie des choses sans pouvoir en discerner les reliefs, par la répétition des mécanismes quotidiens vidés de toute substance, la médiocrité d'une condition et l'abaissement progressif d'un niveau de vie, d'un décor (Arnoux, Rosanette). Mais c'est surtout la détresse des attentes et des rêves trompés qui détruit, la conscience d'un temps mesuré, qui passe en confirmant l'échec, l'absence de toute réalisation.

Aux premiers temps du séjour à Paris, comme « Les joies qu'il s'était promises n'arrivaient pas [8] », Frédéric sombre rapidement dans l'inertie et le désœuvrement ; et après sa tentative pour écrire un roman, qu'il abandonne bientôt — comme la musique, la peinture, les études sur la Renaissance — il ne se passe rien : « [...] les jours s'écoulaient, dans la répétition des mêmes ennuis et des habitudes contractées [9]. » De même, dans la première *Éducation* : « Les jours et les nuits s'écoulaient, pareillement tristes, dans la monotonie des mêmes actions, des repas revenant à la même heure, de la toilette à faire tous les matins et à défaire tous les soirs [10]. »

La déchéance matérielle, en paliers successifs, contribue aussi à ponctuer le temps de la ruine. Les déménagements d'Arnoux et de Rosanette marquent chaque fois un pas en avant vers la gêne, les difficultés. L'appartement de la rue de Choiseul était « à la mode », avec son vestibule à

---

7. « Dans le romantisme de la désillusion, le temps est un principe de dépravation ; l'essentiel — la poésie — passe nécessairement ; or, c'est le temps qui, en fin de compte, est responsable de cette ruine. C'est pourquoi toute valeur est ici attribuée à ce qui est vaincu, à ce qui, par cela même qu'il dépérit progressivement, garde le caractère de la jeunesse en train de s'étioler, et c'est au temps qu'on réserve toute la brutalité, toute la dureté de ce qui n'a pas d'idée » (Georges Lukacs, *la Théorie du roman*, p. 121).
8. *Œuvres*, t. II, p. 53.
9. *Ibid.*, p. 56.
10. Première *Éducation sentimentale*, Éditions du Seuil, p. 141.

la chinoise, la peau de tigre, les murs tendus de satin mauve, la salle à manger en parloir moyen âge ; rue Paradis-Poissonnière, en décembre 1845, les rideaux, comme les meubles, sont en damas de laine marron. Rosanette, rue de Laval, habite un vaste appartement : antichambre, grand salon, boudoir capitonné de soie bleu pâle, chambre avec lit à colonnes, jardin d'hiver, salle à manger éclairée par un lustre à quarante bougies. Quand elle passe chez le prince russe, rue Drouot, dans le boudoir à l'orientale, c'est encore la femme entretenue luxueusement qui reçoit Frédéric. Mais quand le prince disparaît, elle doit vendre les meubles et louer un quatrième, boulevard Poissonnière : trois pièces que suffisent à décorer les curiosités de l'ancien boudoir, et que Frédéric aide à meubler.

Les objets passent de main en main, d'un appartement à l'autre, témoignant également de l'usure chaque fois que nous les retrouvons après quelques mois ou quelques années, jusqu'à la tristesse de l'entassement, contre les murs, à la salle des ventes ; l'affiche même a quelque chose de dérisoire : « Vente d'un riche mobilier, consistant en batterie de cuisine, linge de corps et de table, chemises, dentelles, jupons, pantalons, cachemires français et de l'Inde, piano d'Érard, deux bahuts de chêne Renaissance, miroirs de Venise, poteries de Chine et du Japon [11]. » Ce déballage et la vente qui suit achèvent de « dissoudre » Frédéric : la dispersion de ces pauvres choses, de *ses* vêtements (« [...] un de ses chapeaux, dont la plume cassée retombait »), tout un décor délabré, éparpillé, c'est la fin d'un monde, le véritable symbole de la débâcle.

Il y a une autre expérience du temps qui augmente encore la dissolution intérieure, la démolition : c'est le temps de l'attente, où toute la force d'attention se porte sur l'écoulement des minutes, dans l'espoir fébrile, tendu, d'un événement qui ne se produit pas. Attente absolue, où il n'y a que les heures qui tournent et l'angoisse de voir toujours reculer le moment où quelque chose doit se produire qui

11. *Œuvres*, t. II, p. 439-440.

n'arrivera pas. Cette tension douloureuse naît et grandit deux fois en Frédéric : d'abord à son retour à Paris, après la retraite forcée en province. Les Arnoux ont déménagé pendant son absence. Au moment où il apprend qu'ils n'habitent plus rue de Choiseul, il pense soudain à Regimbart qui saura, lui, leur adresse. Une journée entière se passe dans la poursuite de plus en plus effrénée du Citoyen : de sept heures du matin à l'après-dîner. C'est au cours de l'après-midi que se situe l'attente fébrile, dans un café où Regimbart doit venir :

« Il lut tout *le Siècle* du jour ; et le relut ; il examina, jusque dans les grains du papier, la caricature du *Charivari ;* à la fin, il savait par cœur les annonces. De temps à autre, des bottes résonnaient sur le trottoir, c'était lui ! et la forme de quelqu'un se profilait sur les carreaux ; mais cela passait toujours ! [...] Que pouvait donc faire Regimbart ? Frédéric l'attendait, perdu dans une détresse illimitée [12]. »

L'attention douloureuse portée aux choses, qui observe désespérément le grain du papier journal en n'y voyant rien, qui s'attache passionnément à combler l'intervalle qui se creuse en Frédéric jusqu'au moment où il apprendra enfin l'adresse d'Arnoux, cette attente détruit, dévaste toute puissance de réaction. Les dimensions sont abolies : tout bascule dans cet abîme du temps éprouvé comme vide absolu. Des pas retentissent, une ombre se dessine : *cela* passe toujours ; « [...] et si les regards pouvaient user les choses, Frédéric aurait dissous l'horloge à force d'attacher dessus les yeux. Elle marchait, cependant [13] ». Bien entendu. C'est lui qui se dissout « dans une détresse illimitée », au bord du naufrage, à la mesure du temps qui passe, indifférent, marqué par l'horloge désespérante.

La seconde attente stérile est celle de la rue Tronchet, lors du rendez-vous manqué. Ayant persuadé Marie Arnoux de le rencontrer dans la rue, Frédéric prépare un « guet-apens », cette chambre meublée où il espère l'entraîner sous un prétexte quelconque. Et l'après-midi, à deux heures,

---

12. *Œuvres*, t. II, p. 136-137.
13. *Ibid.*, p. 137.

sa faction commence qui durera jusqu'à six heures, dans les affres et les tourments grandissants. Frédéric vit de plus en plus douloureusement chaque minute de ce temps destructeur : quand il se résout enfin à rentrer chez lui, quand tout espoir est perdu, il sombrera dans une torpeur hébétée, comme après un effort immense, une tension prolongée de tout l'être. Et là encore, pour meubler ce vide qui l'aspire, il s'attache désespérément aux détails du décor, aux « pores » des choses pour s'intégrer à la matière, s'insérer, se réfugier dans la tranquille certitude des objets.

« Frédéric se mit à parcourir la rue Tronchet, en regardant devant lui et derrière lui. Deux heures enfin sonnèrent : « Ah ! c'est maintenant ! se dit-il, elle sort de sa maison, elle approche » ; et, une minute après : « Elle aurait eu le temps de venir. » Jusqu'à trois heures, il tâcha de se calmer. « Non, elle n'est pas encore en retard ; un peu de patience ! » Il se sentait dissoudre d'accablement. [...] La répercussion de ses pas lui secouait la cervelle. Quand il vit quatre heures à sa montre, il éprouva comme un vertige, une épouvante [14]. »

Il se liquéfie d'attente, il devient pur temps en marche ; toute conscience autre que celle-là disparait, et l'affolement à l'idée de n'être plus que succession et mesure de l'écoulement du temps le fait encore une fois chavirer, il en a des hallucinations :

« Puis c'étaient des faiblesses à s'évanouir, et tout à coup des rebondissements d'espérance. Elle était là, derrière son dos. Il se retournait : rien ! Une fois, il aperçut, à trente pas environ, une femme de même taille, avec la même robe. Il la rejoignit ; ce n'était pas elle ! Cinq heures arrivèrent ! cinq heures et demie ! six heures ! Le gaz s'allumait. Mme Arnoux n'était pas venue [15]. »

Au même moment, toute la journée et l'après-midi pendant lequel Frédéric se dissout d'accablement, de vertige et d'épouvante, Marie Arnoux vit le même temps

---

14. Œuvres, t. II, p. 309-310.
15. Ibid., p. 311.

désespéré au chevet de son enfant malade. Entre les crises, les heures se succèdent, « [...] lourdes, mornes, interminables, désespérantes ; et elle n'en comptait plus les minutes qu'à la progression de cette agonie [16] ». Temps réel qui paraît s'éterniser, les heures devenant des siècles, dans l'angoisse de l'expectative. C'est le temps du vide, d'un néant creusé par l'attente : le personnage se résorbe dans ce tremblement d'espoir, jusqu'au vertige, et quand il faut bien en revenir à la réalité de l'absence, d'une nouvelle déception, on le retrouve anéanti, à un nouveau palier, chaque fois, de la désillusion.

Il y a dans *l'Éducation sentimentale* une autre forme de dilution du réel, de liquidation, dont la mise en œuvre se situe au niveau de l'appréhension des gestes, des événements qui sont escamotés, dissous, alors qu'ils ne sont encore qu'amorcés. Au bord d'une scène de sentiment, exprimant le réel d'un état d'âme à la surface visible des attitudes, ou d'un geste, on glisse de façon insensible d'abord à des notations extérieures sur la nature, l'atmosphère, l'ambiance très générale. Nous passons de l'événement à sa négation, à sa dissolution dans le temps et dans l'espace.

C'est que nous assistons à un accord parfait entre l'événement sensible et le battement de la vie de l'univers (ce que Georges Poulet appelle « sentir battre le pouls de la durée »). La perception de soi-même et de la nature s'opère alors avec une telle pénétration qu'on se sent vivre au rythme même de l'existence de toute chose. Cette dilatation de l'expérience momentanée est tout à l'opposé du resserrement tragique de l'attente, mais le résultat est le même : le gonflement de la sensation, cet élargissement démesuré projette la conscience dans une vastitude sans bornes, où la mesure du temps n'existe plus, où il ne reste qu'une lente et démesurée coulée générale.

Les exemples abondent, tout au long de *l'Éducation,* de cette projection sans limites. Dès le premier jour, venant de quitter les Arnoux en descendant du bateau de Montereau, Frédéric marche seul, tout à l'exaltation de

16. *Œuvres,* t. II, p. 313.

ce coup de foudre : « [...] il alla devant sur la route, tout seul. Arnoux l'avait appelée « Marie ! » Il cria très haut : « Marie ! » Sa voix se perdit dans l'air. Une large couleur de pourpre enflammait le ciel à l'occident. » Couleur du ciel, couleur de son agitation intérieure ; son cri dans la nuit, l'aboiement d'un chien en réponse ironique ; son enthousiasme se perd dans cette immensité où, même, quelque chose l'effraie vaguement : « Il frissonna, pris d'une inquiétude sans cause [17]. »

Le matin où il apprend la nouvelle de son héritage, dans une lettre que le facteur vient d'apporter : « Il héritait ! Comme si un incendie eût éclaté derrière le mur, il sauta hors de son lit, pieds nus, en chemise : il se passa la main sur le visage, doutant de ses yeux, croyant qu'il rêvait encore, et, pour se raffermir dans la réalité, il ouvrit la fenêtre toute grande. Il était tombé de la neige ; les toits étaient blancs [18]. » Au matin du bal masqué chez Rosanette, après le souper et la farandole endiablée qui suit, le même brusque changement de cadence se produit :

« La Maréchale entraîna Frédéric, Hussonnet faisait la roue, la Débardeuse se disloquait comme un clown, le Pierrot avait des façons d'orang-outang, la Sauvagesse, les bras écartés, imitait l'oscillation d'une chaloupe. Enfin tous, n'en pouvant plus, s'arrêtèrent ; et on ouvrit une fenêtre. Le grand jour entra, avec la fraîcheur du matin. Il y eut une exclamation d'étonnement, puis un silence [19]. »

Cet élargissement du rythme, comme la fraîcheur de l'air, « dilue » le bal masqué et, ainsi qu'au sortir d'un rêve, on se demande si cette furieuse agitation est bien réelle, si ces personnages existent vraiment ; l'épisode se trouve projeté dans une immensité en éclatant de toutes parts, dispersé, perdu dans un temps ample et sans limites.

Ce sera le cas également au matin du duel avec Cisy, alors que, devant l'agitation intérieure de Frédéric, « Le ciel était bleu, et on entendait, par moments, des

17. *Œuvres*, t. II, p. 41.
18. *Ibid.*, p. 129.
19. *Ibid.*, p. 157.

lapins bondir [20] ». La rencontre dérisoire se termine avec l'arrivée d'Arnoux, et le vicomte saigne au pouce gauche parce qu'il s'est blessé en tombant. Les émotions « fondent » presque toujours, de même, dans le spectacle habituel de la vie quotidienne, dans l'indifférence et l'immobilité de la nature ; quand Deslauriers quitte Marie Arnoux après sa tentative pour la séduire :

« Mme Arnoux suffoquait un peu. Elle s'approcha de la fenêtre pour respirer. De l'autre côté de la rue, un emballeur en manches de chemise clouait une caisse. Des fiacres passaient. Elle ferma la croisée et vint se rasseoir. [...] rien ne bougeait plus autour d'elle. C'était comme une désertion immense [21]. »

Et, s'avouant soudain à elle-même qu'elle aime Frédéric : « Il lui semblait descendre dans quelque chose de profond, qui n'en finissait plus. » Cette descente en chute libre évoque l'image d'un flottement dans l'espace, dans une sorte de dérivation éternelle, dans une immensité où les événements s'évaporent et disparaissent.

Rentré à Paris et cherchant avec anxiété Dussardier blessé au cours des journées de juin 1848, Frédéric « alla en courant jusqu'au quai Voltaire. À une fenêtre ouverte, un vieillard en manches de chemise pleurait, les yeux levés ». A-t-il perdu un fils, lors des affrontements ? Toujours est-il que sous les yeux de Frédéric, et devant la douleur du vieillard qui pleure, « La Seine coulait paisiblement. Le ciel était tout bleu ; dans les arbres des Tuileries, des moineaux chantaient [22] ». L'inquiétude et la souffrance se trouvent délayées dans le paysage, comme pour Louise Roque, venue chez Frédéric dans la nuit après le dîner Dambreuse, alors qu'il n'est pas là : « Louise fut obligée de s'asseoir sur une borne ; et elle pleura, la tête dans ses mains, abondamment, de tout son cœur. Le jour se levait, des charettes passaient [23]. »

20. *Œuvres,* t. II, p. 259-260.
21. *Ibid.,* p. 279.
22. *Ibid.,* p. 366.
23. *Ibid.,* p. 383-384.

Même dilatation de l'événement incroyable, dans la « suspension universelle des choses », lorsque Mme Dambreuse « cède » à Frédéric (séquence qui rappelle, en plus dépouillé, l'abandon d'Emma Bovary à Rodolphe, dans la forêt) : « Mme Dambreuse ferma les yeux, et il fut surpris par la facilité de sa victoire. Les grands arbres du jardin qui frissonnaient mollement s'arrêtèrent. Des nuages immobiles rayaient le ciel de longues bandes rouges, et il y eut comme une suspension universelle des choses [24]. »

L'événement est annulé par cet étirement aux dimensions d'un paysage qui prolonge la « victoire » de Frédéric en la distendant à un point tel qu'elle en est réduite à rien, ou à presque rien.

Le matin des obsèques du banquier, enfin, alors que le cortège funèbre arrive à l'église : « C'était jour de marché aux fleurs sur la place de la Madeleine. Il faisait un temps clair et doux ; et la brise, qui secouait un peu les baraques de toile, gonflait, par les bords, l'immense drap noir accroché sur le portail [25]. » Le vent léger, les fleurs, la lumière et le temps doux « neutralisent » le deuil, le nient, l'effacent, le ramènent à des proportions négligeables. C'est ainsi que Flaubert, escamotant les événements, les sentiments des personnages, leurs gestes, rend compte d'un univers perçu comme s'effaçant, d'un monde en creux. Le temps de l'Éducation sentimentale, c'est la mesure de ce qui n'arrive pas, de ce qui ne va jamais jusqu'à l'accomplissement, jusqu'à l'achèvement, un monde au bord de la disparition.

On aura sans doute noté le retour fréquent du motif de la fenêtre ouverte et dont, par ailleurs, Jean Rousset a déjà signalé la présence dans Madame Bovary. Il faudrait ajouter aux autres exemples cités plus haut un cinquième passage : le départ de Marie Arnoux à la fin de sa dernière visite à Frédéric. Celui-ci ouvre la fenêtre de son cabinet, la voit faire signe à un fiacre qui passe, elle y monte, la voiture disparaît. Les fenêtres de l'Éducation sentimentale

---

24. Œuvres, t. II, p. 397.
25. Ibid., p. 410.

sont toujours ouvertes sur l'air libre, sur une dilatation de l'espace et du temps, dont la vaste fluidité se trouve accordée aux débordements de joie ou de douleur, ou plus simplement au rythme du souffle intérieur qui agite et soulève les personnages en même temps qu'il dilue ces états d'âme.

En recevant l'annonce de l'héritage, Frédéric ouvre la fenêtre de sa chambre pour se persuader qu'il ne rêve pas ; au matin du bal masqué chez Rosanette, quelqu'un ouvre une fenêtre et, subitement dégrisés après le délire de la nuit, les invités restent muets, sidérés ; après le départ de Deslauriers venu pour tenter de la séduire, Marie Arnoux s'approche de la fenêtre pour respirer, comme pour échapper à un cauchemar ; le vieillard qui pleure à sa fenêtre, les yeux levés, semble prendre le ciel à témoin de sa douleur ; Frédéric, enfin, regarde pour la dernière fois Marie Arnoux, qui monte dans un fiacre et disparaît, qu'il ne reverra plus.

Cette ultime image, le fiacre et Marie Arnoux qui y monte, révèle aussi un élargissement de l'espace qui jusque-là tenait à elle. Elle se perd, elle disparaît dans une immensité « anonyme », d'où toute perspective est exclue, et d'abord celle-là même qui la constituait comme point de fuite de toutes les pensées de Frédéric. On se souvient que dès sa descente du bateau, en effet, « L'univers venait tout à coup de s'élargir. Elle était le point lumineux où l'ensemble des choses convergeait [26] » ; à Paris, l'année suivante, « [...] tel un voyageur perdu au milieu d'un bois et que tous les chemins ramènent à la même place, continuellement, il retrouvait au fond de chaque idée le souvenir de Mme Arnoux [27] ». Un peu plus tard enfin, « [...] toutes les rues conduisaient vers sa maison ; les voitures ne stationnaient sur les places que pour y mener plus vite, Paris se rapportait à sa personne, et la grande ville avec toutes ses voix bruissait, comme un immense orchestre, autour d'elle [28] ».

L'élargissement du début se trouve encore dilaté, à un tel point qu'au souvenir obsédant de tout le roman

26. *Œuvres*, t. II, p. 41.
27. *Ibid.*, p. 86.
28. *Ibid.*, p. 100.

succèdera l'oubli, sans doute, et l'indifférence : Mme Arnoux disparaît véritablement de l'horizon de Frédéric.

Il y a une dernière forme de construction, en double palier simultané, et qui, télescopant les deux modulations du roman et renforçant ainsi le parallélisme à l'intérieur du thème générique, efface les péripéties de chacun des deux développements, les scènes se gommant mutuellement, soit par opposition, soit par renforcement, alors que les scènes des deux modulations, dans un double registre de confusion, nous renvoient constamment de l'un à l'autre, et les font ainsi se désagréger peu à peu.

Nous trouvons dans le roman trois épisodes construits de cette façon, dont l'exemple type, dans *Madame Bovary,* est la scène des Comices. Ces trois épisodes de *l'Éducation* sont : le rendez-vous de la rue Tronchet, le réveil au matin de la première nuit d'amour avec Rosanette, et la brusque fin du séjour de Frédéric et de la Maréchale à Fontainebleau ; avec, en contre-chant, pour chaque épisode, la rumeur de l'agitation révolutionnaire.

Au trouble de Frédéric, pendant qu'il attend Marie Arnoux rue Tronchet, répond en contrepoint le tumulte de la foule, la « grande clameur » derrière la Madeleine et bientôt place de la Concorde. Mais l'affrontement entre les forces de l'ordre et les contestataires n'a pas vraiment lieu, et à ce début de manifestation succède un calme subitement, qui anéantit l'agitation. « Un cheval s'abattit ; on courut lui porter secours ; et, dès que le cavalier fut en selle, tous s'enfuirent. Alors, il y eut un grand silence. La pluie fine, qui avait mouillé l'asphalte, ne tombait plus. Des nuages s'en allaient, balayés mollement par le vent d'ouest [29]. » Ainsi Frédéric, rentré chez lui, dissous d'accablement, « restait dans son fauteuil sans même avoir la force de la maudire. Une espèce de sommeil le gagna [30] ». À l'exaltation de l'attente, à l'effervescence de la foule succèdent le silence, l'immobilité, la défaite. C'est là une image parfaite

29. *Œuvres,* t. II, p. 309.
30. *Ibid.,* p. 313.

de la conduite de tout le roman : une suite d'espoirs toujours déçus, en deux temps, de l'enthousiasme du rêve à l'accablement de la désillusion.

La nuit d'amour avec Rosanette, dans la chambre meublée préparée pour l' « autre », débouche sur le désespoir d'une trahison : « Vers une heure, elle fut réveillée par des roulements lointains ; et elle le vit qui sanglotait, la tête enfoncée dans l'oreiller. » Le grondement de la sédition constitute le fond sonore de cette dérisoire « infidélité », de cet idéal trompé. Au matin, « Le bruit d'une fusillade le tira brusquement de son sommeil ; et, malgré les insistances de Rosanette, Frédéric, à toute force, voulut aller voir ce qui se passait [31] ». Le bruit du soulèvement populaire interrompt cette nuit d'amour, de même que la pauvreté de la victoire remportée par Frédéric ramène l'émeute à des proportions de vagues échauffourées de quartier, d'effervescence vite réprimée.

Même gommage, par contraste cette fois, lors du séjour de Frédéric et Rosanette à Fontainebleau. Le silence, la mélancolie, l' « exhalaison des siècles », l'ordonnance des jardins, le calme de cette retraite font paraître lointains, presque d'un autre monde, les combats qui, dans le même temps, éclatent à Paris :

« Des voyageurs, arrivés nouvellement, leur apprirent qu'une bataille épouvantable ensanglantait Paris. Rosanette et son amant n'en furent pas surpris. Puis tout le monde s'en alla, l'hôtel redevint paisible, le gaz s'éteignit, et ils s'endormirent au murmure du jet d'eau dans la cour [32]. »

L'insignifiance de leurs conversations pendant ces longues promenades, leurs silences mêmes, la médiocrité des sentiments abolissent tout relief, toute qualité :

« Quelquefois, ils entendaient tout au loin des roulements de tambour. C'était la générale que l'on battait dans les villages, pour aller défendre Paris. — Ah ! tiens ! l'émeute ! disait Frédéric avec une pitié dédaigneuse, toute cette agitation lui

---

31. *Œuvres*, t. II, p. 315-316.
32. *Ibid.*, p. 355.

apparaissant misérable à côté de leur amour et de la nature éternelle [33]. »

Le sang qui coule à Paris dans ces combats désespérés pour la liberté rend plus banals encore, si possible, plus pitoyables, ce « bonheur éternel », ces « tendresses », ces « gentilles paroles », ces « mille niaiseries ».

Malgré l'apparente agitation, le mouvement constant (bateau, voiture, promenades), ces faux événements, ces gestes esquissés font glisser le roman dans une sorte de moment éternel, de temps suspendu. Ce tremblement à la limite du pas encore et du déjà plus, Flaubert s'attache à le saisir à travers l'épaisseur des mots, et il capte dans l'Éducation sentimentale le frémissement de l'éventuel, de ce qui va se passer mais qui n'arrive jamais. À la surface, le temps dévide son cours égal, monotone, inépuisable. Au fond, la seule vérité, au-delà de l'usure des choses et des êtres, est celle de l' « éternelle misère de tout » que l'on éprouve, que l'on savoure en silence et dans l'immobilité. Auerbach a admirablement saisi ce double jeu du mouvement et de l'inaction [34].

Le temps qui galope (« le lendemain », « trois semaines après », « deux mois plus tard ») marque en vérité le temps obligé, accordé au temps réel dans lequel se déroulent les éléments proprement historiques ; le temps essentiel est la mesure intérieure, ou plutôt l'absence de mesure temporelle, un étirement du temps dans le rêve, un flottement dans l'apesanteur. À Auteuil, Frédéric et Marie Arnoux « [...] s'imaginaient une vie exclusivement amoureuse, [...] où les heures auraient disparu dans un continuel épanchement d'eux-mêmes [35] ». Ce monde figé, dont le mouvement profond est

---

33. Œuvres, t. II, p. 339.
34. « [...] La vie ne déferle et n'écume plus, elle coule obstinément et mollement. L'essence des événements de la vie quotidienne ne réside pas, pour Flaubert, dans des actions et des passions tumultueuses, dans des individus et des forces démoniaques, mais dans une staticité indéfiniment prolongée dont le mouvement superficiel n'est qu'une agitation vide, tandis qu'au-dessous un autre mouvement a lieu, un mouvement presque insensible, mais universel et incessant » (Éric Auerbach, Mimésis, p. 486).
35. Œuvres, t. II, p. 303.

comme paralysé, tourne en un ralenti d'irréel, où le pas encore se superpose à un présent escamoté, d'où résulte un sentiment de temps qui n'a pas lieu. Ce dépassement s'opère dans l'attente perpétuelle, dans l'imagination d'un futur indéfini, extatique, prodigieux. L'effet de réel est néanmoins atteint, de façon magistrale, à travers cette maîtrise d'un temps

« [...] construit par le démiurge d'un univers qui a son temps propre et qui nous force à le vivre, nous en délivre peu à peu précisément par cette manière dont on le surpasse en l'exténuant, pour ainsi dire, et en le multipliant. C'est alors toute cette fuite au-delà du temps vers laquelle tout cela ensemble nous conduit [36]. »

Le temps de l'Éducation sentimentale est un temps arrêté, une durée immobile, indéfinie, résumée en un point fixe, comme si la vie et sa durée propre étaient condensées en un point absolu de densité ; et, à la fois, cette essence d'un monde flotte dans un étirement, dans une vastitude sans frontières [37]. C'est dans une sorte de moment éternel que se déroule — en s'y résorbant — toute existence, toute histoire : souvenirs et visions d'avenir se superposent exactement sur la succession de chaque instant « actuel » et il en résulte le sentiment d'une simultanéité de tous les états intérieurs, de tous les rêves, comme si l'univers était absolument perçu dans un seul regard, comme si tout déroulement était saisi se lovant sur lui-même, passé et futur. Et, en même temps, cet enroulement est dilatation, expansion, éclatement. Tous est dans tout, vision et matière, temps et éternité, mouvement et inertie.

---

36. Étienne Souriau, les Structures maîtresses de l'œuvre d'art, p. 40.
37. Georges Poulet parle de cette dimension particulière « où le temps des choses se fait plus doux, plus lent, [...] une durée qui s'étale ». Ce temps « total » est celui d'un glissement général des choses et de l'être : tout est entraîné dans cette chute imperceptible, il n'y a plus de point de repère pour nous permettre d'évaluer le mouvement, sinon quelques dates d'histoire, quelques journées très précises, et même alors, les barricades ou le sac des Tuileries glissent aussi au néant, dans l'absolue indifférence du monde, dans ce temps de l'absence. Temps presque immobile, où ce qui arrive est égal, n'ayant aucune répercussion profonde. « Une agitation de surface et un sentiment général d'illusion et d'usure, voilà en quoi menace de se résoudre chez Flaubert le sentiment de la durée humaine » (Études sur le temps humain, p. 312, 321-322).

Les moments silencieux privilégient cette évasion hors du temps — qui n'est pourtant pas négative. Les silences qui s'étirent, au milieu de conversations entre Frédéric et Rosanette ou Marie Arnoux (comme entre Henry et Mme Renaud : « [...] les plus doux moments étaient ceux où, ayant épuisé toute parole humaine et se taisant, ils se regardaient avec des yeux avides, puis ils baissaient la tête et, absorbés, songaient à tout ce qui ne se dit pas [38] »), ces moments sont doublement silencieux, comme l'a indiqué Gérard Genette [39]. Moments de contemplation pure, où les personnages semblent flotter dans une atmosphère surréelle, à la façon des êtres aériens des tableaux de Chagall, tel le jeune homme courant sur la pointe de ses pantoufles « avec l'air d'un somnambule et leste comme un tigre [40] », au petit matin du 24 février 1848 : atmosphère immense, presque cosmique, ici étant nulle part, selon l'expression de Maurice Blanchot, et maintenant se répandant tout aussi bien en un toujours absolu. Mouvement et temps illusoires, mouvement et temps arrêtés. Phrases de *l'Éducation sentimentale* qui se perdent dans le silence du monde, qui ne font que suggérer « ce qui ne se dit pas », comme le temps n'est jamais qu'une sorte de pauvre reflet, d'annonce maladroite d'une éternité figée, immobile, échappant à toute mesure, au-delà de toute proportion.

Le double effet de temps qui passe et de temps dépassé, « ce présent effondré avant d'avoir eu lieu », provient également, enfin, de l'utilisation particulière des temps verbaux et de leur combinaison.

L'imparfait est le temps du temps qui dure, mais aussi du temps qui échappe ; et c'est lui qui donne à *l'Éducation sentimentale* comme aux autres romans de Flaubert ce ton d'intemporalité ; l'invention de cet imparfait flaubertien nous fait saisir une durée insaisissable et vécue comme

---

38. Première *Éducation sentimentale*, Éditions du Seuil, p. 57.
39. « [...] parce que les personnages ont cessé de parler pour se mettre à l'écoute du monde et de leur rêve ; parce que cette interruption du dialogue et de l'action suspend la parole même du roman et l'absorbe, pour un temps, dans une sorte d'interrogation sans voix » (Gérard Genette, *Figures*, p. 237).
40. *Œuvres*, t. II, p. 316.

telle par les personnages. Ce temps qui échappe et fait glisser dans son sillage les gestes, les paroles, les événements qui s'y anéantissent. Parfois, ainsi que Proust l'a fait observer dans un article célèbre, le parfait vient interrompre l'imparfait ; il devient alors comme lui quelque chose d'indéfini qui se prolonge, qui se disperse.

« Un jeune homme de dix-huit ans, [...] restait auprès du gouvernail, immobile. À travers le brouillard, il contemplait des clochers, des édifices dont il ne savait pas les noms ; puis il embrassa, dans un dernier coup d'œil, l'île Saint-Louis, la Cité, Notre-Dame ; et bientôt, Paris disparaissant, il poussa un grand soupir [41]. »

Ce dernier regard sur Paris qui défile, c'est la dernière fois perpétuelle, qui verse déjà dans l'intemporel, annonçant par ailleurs l'immobilité, l'état de spectateur absolu de Frédéric Moreau. « Il poussa un long soupir » : c'est toute son existence qui est contenue, d'avance, dans ce parfait qui n'a presque rien de véritablement ponctuel, de momentané.

Le temps accoutumé de Flaubert est donc cet imparfait « si nouveau dans la littérature », qui « [...] change entièrement l'aspect des choses et des êtres, comme font une lampe qu'on a déplacée, l'arrivée dans une maison nouvelle, l'ancienne si elle est presque vide et qu'on est en plein déménagement. C'est ce genre de tristesse, fait de la rupture des habitudes et de l'irréalité du décor, que donne le style de Flaubert, ce style si nouveau quand ce ne serait que par là [42]. »

Temps du retour, de l'usure, auquel Flaubert a donné sa plus profonde dimension d'édacité.

« Ainsi les jours s'écoulaient, dans la répétition des mêmes ennuis et des habitudes contractées. Il feuilletait des brochures sous les arcades de l'Odéon, allait lire *la Revue des Deux Mondes* au café, entrait dans une salle au Collège de France,

---

41. *Œuvres*, t. II, p. 33.
42. Marcel Proust, « À propos du style de Gustave Flaubert », *Chroniques,* Paris, Gallimard, 1927 (1949), p. 198-199.

écoutait pendant une heure une leçon de chinois ou d'écono-
mie politique [43]. »

On en arrive parfois à pouvoir discerner
dans ces imparfaits une ouverture, un passage d'un passé plus
lointain à un moment plus rapproché, une gradation dans le
développement de cette masse de durée en arrière :

« Chaque matin, il se jurait d'être hardi. Une invincible pudeur
l'en empêchait ; et il ne pouvait se guider d'après aucun exemple puisque celle-là différait des autres. [...] Il se sentait, à
côté d'elle, moins important sur la terre que les brindilles
de soie s'échappant de ses ciseaux. Puis il pensait à des choses
monstrueuses, absurdes, [...] tout lui paraissant plus facile
que d'affronter son dédain. D'ailleurs, les enfants, les deux
bonnes, la disposition des pièces faisaient d'insurmontables
obstacles [44]. »

Chaque matin apporte une nouvelle déci-
sion ; puis, les obstacles s'ajoutent les uns aux autres ; d'ailleurs, il y a les enfants, les bonnes, etc. Les raisonnements et
les objections avancent, s'additionnent, progressent — et le
temps passe — toujours à l'imparfait.

Autre emploi, fréquentatif, « qui rend
actives les choses tandis qu'il empâte les sentiments et les
gestes humains [45] » :

« Les tambours battaient la charge. Des cris aigus, des hourras
de triomphe s'élevaient. Un remous continuel faisait osciller
la multitude. Frédéric, pris entre deux masses profondes, ne
bougeait pas, fasciné d'ailleurs et s'amusant extrêmement. Les
blessés qui tombaient, les morts étendus n'avaient pas l'air de
vrais blessés, de vrais morts. Il lui semblait assister à un
spectacle [46]. »

Temps vécu comme une vacuité, alors
que les gestes et les bruits semblent se fondre dans une durée
intemporelle, selon un déroulement flou, incohérent.

---

43. *Œuvres,* t. II, p. 56-57.
44. *Œuvres,* t. II, p. 202.
45. J.-B. Pontalis, *Après Freud,* Paris, Gallimard, 1968, p. 317.
46. *Œuvres,* t. II, p. 318.

Flaubert utilise également l'imparfait pour traduire le discours indirect, mettant au même diapason la conscience et l'expression, d'une part, et la réalité des choses perçues. Cet emploi exprime, lui aussi, la dégradation, le décalage des situations, sur un ton de persiflage involontaire convenant au mieux à la dérision des événements et des personnages ; écoutant les discussions bruyantes des étudiants, aux premières semaines de sa vie à Paris, Frédéric a un mouvement d'humeur : « Il s'inquiétait bien des professeurs ! Est-ce qu'il avait une maîtresse [47] ! » Rosanette, au moment où Frédéric veut quitter Fontainebleau :

« Comme si l'on manquait d'infirmiers dans les hôpitaux ! Et puis, qu'est-ce que ça le regardait encore, celui-là ? [...] D'abord, son devoir était de l'aimer. C'est qu'il ne voulait plus d'elle, sans doute ! Ça n'avait pas de sens commun ! Quelle idée, mon Dieu [48] ! »

Par de subtiles insertions du discours parlé — style direct — dans la transposition du discours indirect, Flaubert amenuise encore l'écart entre la situation et l'énoncé (« Quelle idée, mon Dieu ! »).

L'effet de retrait confère aux idées ainsi exprimées une force plus percutante que le discours direct, qui apparaîtrait parfois trop *récit,* trop *récité.* Ces imparfaits du discours indirect sont comme une voix entendue d'une autre pièce, ou derrière un paravent ; voix qui *parle moins,* mais qui *dit plus.*

Dans d'autres passages, Flaubert mêle le discours transcrit de façon indirecte (en réalité ici monologue intérieur) à des constatations objectives (soulignées par nous, pour plus de précision) :

« Au lieu de la rupture qu'il attendait, voilà que l'autre, au contraire, se mettait à la chérir et complètement, depuis le bout des cheveux jusqu'au fond de l'âme. *La vulgarité de cet homme exaspérait Frédéric.* Tout lui appartenait donc, à

47. *Œuvres,* t. II, p. 55.
48. *Ibid.,* p. 363.

celui-là ! *Il le retrouvait sur le seuil de la lorette ; et la mor-
tification d'une rupture s'ajoutait à la rage de son impuissance* [49].»

Le glissement, qui s'opère par un mou-
vement d'osmose, est une façon d'insérer dans le roman
objectif le style et l'esprit de la première personne et, plus
encore, contribue à donner au roman cette existence autonome
que Flaubert espérait tant créer, qui le fait presque *tenir tout
seul.*

Il est un autre jeu de temps verbaux que
l'on trouve dans *l'Éducation sentimentale* : celui du présent
encadré dans des imparfaits, procédé qui nous projette habi-
tuellement de l'espace de l'action dans celui de la fascination,
de la rêverie, de l'indéfini. On passe alors de ce « plan incliné
et tout en demi-teintes des imparfaits » de Proust à un redres-
sement, une espèce de pérennité des choses — ou à une
attitude somnambulique : « Des odeurs de feuillage humide
montaient jusqu'à eux ; la chute de la prise d'eau, cent pas
plus loin, murmurait, avec ce gros bruit doux que font les
ondes dans les ténèbres [50] » ; ou encore : « C'était une maison
basse, à un seul étage, avec un jardin rempli de buis énormes
et une double avenue de châtaigniers montant jusqu'au haut
de la colline, d'où l'on découvre la mer. — Je vais m'asseoir
là, sur un banc que j'ai appelé : le banc Frédéric [51]. » Geste
de rêve, où Marie Arnoux se perd, se dissout dans l'absence.

D'autres fois, le présent suggère une sorte
de permanence, hors du temps :

« D'ailleurs, elle touchait au mois d'août des femmes, époque
tout à la fois de réflexion et de tendresse, où la maturité qui
commence colore le regard d'une flamme plus profonde, quand
la force du cœur se mêle à l'expérience de la vie, et que, sur
la fin de ses épanouissements, l'être complet déborde de
richesses dans l'harmonie de sa beauté. Jamais elle n'avait
eu plus de douceur... [52] »

49. *Œuvres,* t. II, p. 216.
50. *Ibid.,* p. 47.
51. *Ibid.,* p. 450.
52. *Ibid.,* p. 303-304.

Le présent éternel, de toujours, sert également à rendre des phrases aux allures d'aphorismes, de vérités de sens commun :

« L'action, pour certains hommes, est d'autant plus impraticable que le désir est plus fort. La méfiance d'eux-mêmes les embarrasse, la crainte de déplaire les épouvante ; d'ailleurs, les affections profondes ressemblent aux honnêtes femmes ; elles ont peur d'être découvertes, et passent dans la vie les yeux baissés [53]. »

Ou encore : « Rien n'est humiliant comme de voir les sots réussir dans les entreprises où l'on échoue [54]. » Et également : « [...] certains hommes se réjouissent de faire faire à leurs amis des choses qui leur sont désagréables [55]. » Ou enfin : « On se réfugie dans le médiocre, par désespoir du beau qu'on a rêvé [56]. »

Mais le plus souvent, le présent est le temps impersonnel, ne marquant aucune ponctualité, sorte de tentative pour transcrire une valeur fixe des choses, constatation d'un témoin détaché, transcription presque tragique à force d'indifférence :

« [...] La Seine, au-dessus de Nogent, est coupée en deux bras. Celui qui fait tourner les moulins dégorge en cet endroit la surabondance de ses ondes, pour rejoindre plus bas le cours naturel du fleuve ; et, lorsqu'on vient des ponts, on aperçoit, à droite sur l'autre berge, un talus de gazon que domine une maison blanche. À gauche, dans la prairie, des peupliers s'étendent, et l'horizon, en face, est borné par une courbe de la rivière... [57] »

Ou, mieux encore, cette réflexion sur la tristesse, faite de désolation, d'ennui vague, qui flotte dans les grands châteaux fermés :

« Les résidences royales ont en elles une mélancolie particulière, qui tient sans doute à leurs dimensions trop considérables

53. *Œuvres,* t. II, p. 201.
54. *Ibid.,* p. 93.
55. *Ibid.,* p. 298.
56. *Ibid.,* p. 299.
57. *Ibid.,* p. 280.

pour le petit nombre de leurs hôtes, au silence qu'on est surpris d'y trouver après tant de fanfares, à leur luxe immobile prouvant par sa vieillesse la fugacité des dynasties, l'éternelle misère de tout ; — et cette exhalaison des siècles, engourdissante et funèbre comme un parfum de momie, se fait sentir même aux têtes naïves [58]. »

Présent hypnogène, qui transporte dans une dimension paratemporelle, présent d'au-delà du moment actuel et dont la durée n'est plus mesurable, se développant en tous sens, dans toutes les directions.

Même l'emploi du passé simple, chez Flaubert, ne renvoie pas à la valeur de certitude rassurante qu'il peut donner dans le récit habituel. Il sert à traduire des images dont on se demande si elles sont réelles, des scènes qui nous font douter de la fidélité de nos sens : « Le cocher lâcha les rênes, le cheval frôla la borne brusquement, et tout disparut [59]. » La vision est si momentanée, si rapide, qu'elle escamote presque la séquence, comme un film au rythme accéléré dont les images s'inscrivent directement dans le subconscient, sans impressionner la vue. Ou bien, simplement, le passé défini ne traduit qu'une série de gestes sans suite, qui ne sont reliés à aucune continuité, qui ne tiennent à aucun effort de permanence :

« Un remords le prit. Il retourna aux cours. Mais [...] des choses très simples l'embarrassèrent. Il se mit à écrire un roman [...]. Les réminiscences trop nombreuses dont il s'aperçut le découragèrent ; il n'alla pas plus loin, et son désœuvrement redoubla. [...] il voulut s'amuser. Il se rendit aux bals de l'Opéra. [...] il loua un piano, et composa des valses allemandes [60]. »

Gestes morcelés, comme les compositions fortuites d'un kaléidoscope, toujours pareilles, et toujours différentes. Quant au célèbre passage de la fin, au début du chapitre 6 (partie III), il traduit — dans un raccourci auda-

---

58. *Œuvres,* t. II, p. 353-354.
59. *Ibid.,* p. 52.
60. *Ibid.,* p. 55-56-57.

cieux — le cheminement de quinze ans, le hasard des voyages et des retours, sans but, pour tromper le temps précisément, en dix lignes : « Il voyagea. Il connut la mélancolie des paquebots, les froids réveils sous la tente, l'étourdissement des paysages et des ruines, l'amertume des sympathies interrompues. Il revint. Il fréquenta le monde, et il eut d'autres amours encore. [...] Des années passèrent [...] [61]. »

Non seulement le temps est-il pulvérisé, mais l'espace, également, se trouve éclaté en une multitude d'endroits, tous imprécis, et tous différents : la mer, le désert, les paysages, les ruines : la terre n'est plus qu'un seul lieu vague où Frédéric vagabonde en toutes directions, dans tous les sens, comme dans une atmosphère raréfiée où la pesanteur — et l'orientation — ne joueraient plus.

Itinéraire (où Frédéric est toujours *véhiculé*) par ailleurs englouti dans un écoulement — un écroulement — sans mesure, tout étant égal : « Il voyagea », « Il revint », rien n'a plus d'importance que le segment à l'imparfait, attitude continuée qui poursuit cette « désoccupation » de l'âme et du corps :

« [...] il eut d'autres amours encore. Mais le souvenir continuel du premier les lui rendait insipides ; et puis la véhémence du désir, la fleur même de la sensation était perdue. Ses ambitions d'esprit avaient également diminué, [...] et il supportait le désœuvrement de son intelligence et l'inertie de son cœur [62]. »

La véritable fin de *l'Éducation sentimentale,* c'est la vision fugitive d'une voiture qui s'ébranle (personnages toujours emportés, toujours transportés), emmenant pour la dernière fois l'être du rêve, la figure mythique. Cette séquence en est encore une dont la vérité n'est pas immédiatement perceptible ; ce n'est qu'après, quand les détails, les gestes remontent à la conscience par le souvenir, que l'on peut mesurer leur jeu dans l'espace, réinventer leur sens (comme Marie Arnoux, après l'annonce du mariage de Frédéric et de Louise Roque : « Il va se marier ! est-ce possible ! » Et un tremble-

61. *Œuvres*, t. II, p. 448.
62. *Ibid.*, p. 448-449.

ment nerveux la saisit. « Pourquoi cela ? est-ce que je l'aime ? » Puis, tout à coup : « Mais oui, je l'aime !... je l'aime [63] ! » ; ou Emma Bovary, rentrée de la promenade à cheval avec Rodolphe, et se regardant dans la glace : « Elle se répétait : « J'ai un amant ! un amant [64] ! »). Et toutes deux entrent dans « quelque chose de merveilleux », dans « une immensité bleuâtre » (Emma), dans « quelque chose de profond, qui n'en finissait plus » (Marie Arnoux) : la chute dans le temps.

Il y a cette distanciation, à la fin de la dernière visite de Marie Arnoux à Frédéric, où les choses se passent trop rapidement pour les facultés ralenties du héros. La présence effective n'a presque pas de retentissement ; le présent existe trop pour qu'on puisse en saisir sur-le-champ tout le contenu, épuiser la substance des événements qui s'y passent. Il faut à Frédéric le recul de l'absence, qu'il meuble du souvenir du passé (de l'imparfait). Et le passé défini de cette dernière entrevue accélère les adieux, l'âme engourdie ne peut coïncider parfaitement avec ce qui se passe, avec ce moment fugitif : et de ce fait, le présent n'existe plus, alors, tant il est rapidement emporté, et c'est le passé défini qui traduit le mieux pour Flaubert cette mince durée qui, aussitôt engloutie, ne fait que laisser des images, de la mémoire :

« Et elle le baisa au front comme une mère. Mais elle parut chercher quelque chose, et elle lui demanda des ciseaux. Elle défit son peigne ; tous ses cheveux blancs tombèrent. Elle s'en coupa, brutalement, à la racine, une longue mèche. — Gardez-les ! adieu ! Quand elle fut sortie, Frédéric ouvrit sa fenêtre. Mme Arnoux, sur le trottoir, fit signe à un fiacre qui passait. Elle monta dedans. La voiture disparut. Et ce fut tout [65]. »

Le rythme syncopé du passage contribue évidemment pour beaucoup à créer cette sensation de fuite, d'accélération du présent bousculé. Mais c'est d'abord l'emploi systématique du passé défini qui précipite les choses, les esca-mote, aussitôt engagées.

63. Œuvres, t. II, p. 279.
64. Ibid., t. I, p. 473.
65. Ibid., t. II, p. 453.

Un dernier emploi de temps verbal, enfin, complète cette entreprise de dépassement du temps : celui du participe. Il sert à Flaubert pour traduire un ralentissement, un mouvement faible, tout en exprimant une continuité, un fondu-enchaîné, des attitudes, des sentiments, des gestes : « Ses caresses de langage avaient cessé, et ne voulant plus dire que des choses insignifiantes, il lui parlait des personnes de la société nogentaise [66] » ; « Puis, l'admiration s'apaisant, il s'était demandé si sa peinture ne manquait pas de grandeur [67]. » On trouve également cet autre exemple, qui illustre au mieux la démarche morale de Deslauriers, séduit dès le début par la « personne même » de Frédéric, qui « avait toujours exercé sur lui un charme presque féminin » : « [...] il vernit lui-même ses bottes, acheta des gants blancs, et se mit en route, se substituant à Frédéric et s'imaginant presque être lui [68]. » Ces deux participes expriment un mouvement continu, la poursuite de cette imitation qui a ses racines au plus loin de leur relation.

La réponse de Marie Arnoux à l'amour déclaré de Frédéric se traduit par une sorte de paralysie, d'immobilisme ; elle accepte à moitié, tout en refusant de s'engager ; elle se fige, au propre et au figuré, elle refuse d'envisager la situation (on la voit assise, immobile comme un sphinx, à Creil) ; ou bien : « [...] elle restait au bord de son fauteuil, les prunelles fixes, et souriant toujours [69] » ; encore : « Mais elle se reculait, en joignant les deux mains [70]. »

Le participe sert également à rendre une valeur de fuite des choses, d'évanescence, le recommencement qui est aussi un mouvement d'usure, d'érosion : « [...] les blocs verdâtres du petit mur où l'eau coulait apparaissaient comme sous une gaze d'argent se déroulant toujours [71] » ; « [...] et ils restaient là, causant d'eux-mêmes, des autres. de

66. *Œuvres*, t. II, p. 284.
67. *Ibid.*, p. 246.
68. *Ibid.*, p. 276.
69. *Ibid.*, p. 279.
70. *Ibid.*, p. 30.
71. *Ibid.*, p. 283.

n'importe quoi, avec ravissement [72]. » Comme certain emploi de l'imparfait, le participe traduit le temps qui fuit, la continuité d'un vide, une durée qui se déploie en étant toujours proche de sa fin, sans pourtant s'épuiser jamais.

Et cependant, l'écriture même de l'Éducation sentimentale vient démentir le déploiement dans le temps. Cette progression expansive, Flaubert l'écrit en phrases à l'état pur, en « natures de phrases ». On pourrait signaler brièvement trois tics d'écriture de Flaubert à quoi se reconnaît immanquablement une page de son œuvre, trois procédés uniques : la période ternaire, à trois membres croissant ou décroissant ; les adverbes massifs ; et les comparaisons à vide, qui figent le récit, l'immobilisent en une sorte de gangue pétrifiée.

Le paragraphe type se développe presque toujours en trois temps, et l'ordre croissant est caractérisé par la présence d'une conjonction qui unit le dernier membre au second, comme pour un déploiement, un temps plus vaste, une sorte de point d'orgue qui élargit le rythme du passage. À la première page :

« Un jeune homme de dix-huit ans, à longs cheveux et qui tenait un album sous son bras, restait auprès du gouvernail, immobile. // À travers le brouillard, il contemplait des clochers, des édifices dont il ne savait pas les noms ; puis il embrassa, dans un dernier coup d'œil, l'île Saint-Louis, la Cité, Notre-Dame ; // et bientôt, Paris disparaissant, il poussa un grand soupir [73]. »

Le premier membre est souvent plus syncopé, en phrases courtes, rapides, ou d'une seule phrase à coupes nombreuses. Le second s'allonge en descriptions, en énumérations. Le dernier, introduit par « et » ou « tandis que », met comme un épilogue au passage, et en étend la portée.

Aux premières pages encore :

« Jamais il n'avait vu cette splendeur de sa peau brune, la séduction de sa taille, ni cette finesse des doigts que la lumière

---

72. *Œuvres*, t. II, p. 303.
73. *Ibid.*, p. 33.

traversait. Il considérait son panier à ouvrage avec ébahissement, comme une chose extraordinaire. // Quels étaient son nom, sa demeure, sa vie, son passé ? Il souhaitait connaître les meubles de sa chambre, toutes les robes qu'elle avait portées, les gens qu'elle fréquentait ; // et le désir de la possession physique même disparaissait sous une envie plus profonde, dans une curiosité douloureuse qui n'avait pas de limites [74]. »

L'ordre décroissant est le fait de la simple juxtaposition et le troisième membre termine le passage en une note brève, rapide, le rythme se brisant brusquement :

« Il était cinq heures, une pluie fine tombait. Des bourgeois occupaient le trottoir du côté de l'Opéra. Les maisons d'en face étaient closes. Personne aux fenêtres. // Dans toute la largeur du boulevard, des dragons galopaient, à fond de train, penchés sur leurs chevaux, le sabre nu ; et la crinière de leurs casques, et leurs grands manteaux blancs soulevés derrière eux passaient sur la lumière des becs de gaz, qui se tordaient au vent dans la brume. // La foule regardait muette, terrifiée [75]. »

L'emploi des adverbes contribue également à arrêter le mouvement, le jeu monotone des rythmes toujours semblables. Proust a parlé de ce besoin de solidité un peu massive, qui ne laisse aucun interstice entre les phrases, aucun vide. Dans le célèbre article de la *N. R. F.,* il précise comment « [...] les adverbes, locutions adverbiales, etc., sont toujours placés dans Flaubert de la façon à la fois la plus laide, la plus inattendue, la plus lourde, comme pour maçonner ces phrases compactes, boucher les moindres trous [76] ». Le poids de ces adverbes semble entraîner vers le bas les phrases qu'ils terminent : « et les petits glands rouges de la bordure tremblaient à la brise, perpétuellement [77] » ; « Il se trouvait stupide, et résolut de s'y prendre avec la Maréchale carrément [78] » ; « Une calèche disloquée [...] stationnait devant

74. *Œuvres,* t. II, p. 37.
75. *Ibid.,* p. 448.
76. Marcel Proust, « À propos du style de Gustave Flaubert », *Chroniques,* Paris, Gallimard, 1927 (1949), p. 202.
77. *Œuvres,* t. II, p. 41.
78. *Ibid.,* p. 179.

le bureau des bagages, solitairement [79] » ; « Frédéric, afin de s'en délivrer, s'enquit de ses conditions, courtoisement [80] » ; « Frédéric [...] ne bougeait pas, fasciné d'ailleurs et s'amusant extrêmement [81] » ; « Frédéric pâlit extraordinairement [82]. » Ces adverbes cimentent les phrases comme de lourdes pierres, les calant de façon définitive, les immobilisant tout à fait.

Les comparatifs à vide viennent renforcer cet effet puisque la plupart du temps, le terme de la comparaison qu'on attendait ne suit pas, et l'idée reste suspendue, figée, ajoutant encore au statisme de la phrase : « les trombones rugissaient plus fort [83] » ; « D'ailleurs, elle touchait au mois d'août des femmes, époque [...] où la maturité qui commence colore le regard d'une flamme plus profonde [84] » ; « Les arbres devinrent plus grands [85] » ; « ils sentaient [...] leur entrer dans l'âme comme l'orgueil d'une vie plus libre [86] » ; « Quelque chose de plus lourd, une langueur fiévreuse planait au-dessus des mares [87]. »

L'Éducation sentimentale est le roman du temps perdu. Monotonie, grisaille, asphyxie qui conduit au naufrage dans le temps de la dispersion, telle est la couleur propre à la durée de ce roman du néant dans un espace dilaté : un néant tranquille, antidramatique, égal, qui finit par tout absorber. Le temps de *l'Éducation* est celui des sables mouvants qui avalent sûrement, sans espoir, les êtres et les choses, les événements, les générations. L'écoulement du temps (présent-futur) se moule toujours sur le creux du passé, de sorte que le mode du roman s'avère celui d'un présent-absence dont la progression, insensible, est pourtant réelle, ce glissement de la dégradation étant comme imperceptible, que l'on sent confusément sans jamais pouvoir s'y ressaisir.

79. *Œuvres*, t. II, p. 223.
80. *Ibid.*, p. 247.
81. *Ibid.*, p. 318.
82. *Ibid.*, p. 436.
83. *Ibid.*, p. 106.
84. *Ibid.*, p. 303.
85. *Ibid.*, p. 354.
86. *Ibid.*, p. 356.
87. *Ibid.*, p. 356.

IV

L'architecture du vide
ou
géométrie de l'informe*

L'impossibilité de l'amour comme l'échec de la révolution de 1848 sont la possibilité même du récit, sa progression immobile, son mouvement arrêté. C'est sur l'absence d'histoire que Flaubert construit son histoire (faudrait-il aller jusqu'à dire : qu'il *défait* cette histoire) et le roman-se-défaisant est un roman construit. Roman étale, sans explosions, sans événements saillants, sans sommet, *l'Éducation sentimentale* est un récit parfaitement plat, « où rien n'agrippe à l'intérieur du temps qui s'écoule » (Charles du Bos). Flaubert en était le premier conscient qui écrivait à Jules Duplan, au début de 1867 : « Voilà ce qu'il y a d'atroce dans ce bouquin, il faut que tout soit fini pour savoir à quoi s'en tenir. Pas de scène capitale, *pas de morceau*, pas même de métaphores, car la moindre broderie emporterait la trame [1]. »

---

* Une partie de ce chapitre a paru dans *Études françaises,* vol. VI, n° 2, mai 1971.

1. *Correspondance,* supplément, t. II, p. 100 (souligné par Flaubert).

Aucune catastrophe donc, comme le suicide d'Emma Bovary, sommet de la pyramide vers lequel progresse tout le roman. *L'Éducation* est plutôt une radiographie de roman, ou d' « histoire d'amour impossible » et d' « histoire de la révolution manquée ». Flaubert entreprend de fixer la vie en visions de transparence. Il faut alors que le lecteur éclaire ces visions, à travers lui-même, pour rendre ces images visibles, lisibles. Moins que tout autre roman de Flaubert, celui-ci existe-t-il en soi, tout seul : il est translucide, il demande la lumière de la projection intérieure pour se raconter. Et il exige du lecteur qu'il rebâtisse l'ensemble à partir des séquences successives.

Cette œuvre où rien ne progresse manque-t-elle de composition, ou de forme ? Quand Flaubert, dans des lettres à ses amis, exprime sa crainte de voir compromise l'unité de *l'Éducation* parce que « [...] l'action est étendue dans un laps de temps trop considérable [2] », pense-t-il alors qu'un déroulement romanesque doive être aussi resserré que possible pour que l'unité en soit préservée — et, donc, la forme ? À Alfred Maury il écrit, en août 1866 :

« Je ne partage pas vos espérances relatives au roman que je fais maintenant. Je crois, au contraire, que ce sera une œuvre médiocre, parce que la conception en est vicieuse ? [...] le milieu où mes personnages s'agitent est tellement copieux et grouillant qu'ils manquent, à chaque ligne, d'y disparaître. Je suis donc obligé de reculer à des plans secondaires les choses qui sont précisément les plus intéressantes. J'effleure beaucoup de sujets dont on aimerait voir le fond. Mon but est complexe — mauvaise méthode esthétique, bref, je crois n'avoir jamais rien entrepris de plus difficile [3]. »

C'est sa hantise constante : que « les fonds emportent les premiers plans » ; il répète à Caroline son mal « à emboîter [ses] personnages dans les événements politiques [4] ». Nous verrons pourtant, d'une part, qu'à aucun

---

2. *Correspondance,* t. V, p. 158.
3. *Ibid.,* supplément, t. II, p. 65.
4. *Ibid.,* t. V, p. 359-360.

moment les personnages ne sont avalés par le milieu « copieux et grouillant » où ils défilent ; et qu'au contraire, le dessein initial de Flaubert (« Montrer que le Sentimentalisme [...] suit la Politique [...] ») se trouve parfaitement réalisé.

Georges Lukacs l'avait déjà noté dans sa *Théorie du roman* : Flaubert ne fait rien pour vaincre, dans *l'Éducation sentimentale,* la désagrégation du réel [5]. Nous avons, comme matériau brut, une série de tableaux, d'instants fixés de façon à créer la sensation d'une continuité de la vie, d'une sorte de mouvement sans commencement et sans fin. Mais dans ce livre en courbe descendante où les dernières phrases renvoient à un événement d'*avant* le début du roman (ce qui peut, alors, nous suggérer l'idée d'une construction circulaire), à l'intérieur de cette trame monotone et diffuse, il est possible de déceler à divers niveaux un certain nombre de patrons géométriques, une organisation en figures nettes et précises : *l'Éducation sentimentale* est le roman du brouillard, des larmes, de l'eau qui s'écoule ; c'est néanmoins une œuvre construite, dont la matière est ordonnée selon une distribution bien définie. *L'Éducation* est un organisme qui fonctionne harmonieusement en vertu d'un certain nombre de mécanismes que nous allons maintenant nous attacher à définir et à illustrer.

Cette géométrie dans l'espace, ce mode d'organicité propre s'inscrivent dans le mouvement même du récit. Les éléments de la double modulation du thème se développent d'abord en un parallélisme intense, à partir de cette phrase de Flaubert, dans le Carnet 19 inventorié par Mme Durry : « Montrer que le Sentimentalisme (son developpement depuis 1830 suit la Politique & en reproduit les phases. » Ces quelques mots, jetés à la hâte sur le carnet pendant l'étape d'accumulation du matériel, sans accent sur

---

5. Désagrégation du réel « en fragments hétérogènes et vermoulus », et « manque de liaison et de symboles sensibles par une peinture lyrique d'états d'âme ». Pour Lukacs, « les morceaux du réel restent simplement juxtaposés dans leur dureté, leur incohérence, leur isolement », dans *l'Éducation sentimentale* (Georges Lukacs, *la Théorie du roman,* p. 123).

« developpement », et dont la parenthèse devrait être fermée après « 1830 », éclaire subitement tout le projet et nous indique un angle de lecture privilégié.

La politique depuis 1830, c'est Louis-Philippe, la montée de la révolution, la deuxième République, le coup d'État et le second Empire. Une suite de remous de plus en plus marqués, de plus en plus violents où le peuple, pendant vingt ans, sera constamment dupé, d'espoirs collectifs en répressions sanglantes, et d'où le capitalisme bourgeois émergera finalement, seul vrai maître. Cette longue désillusion, pour Flaubert, modèle l'évolution du sentiment, et son but est de montrer, dans une alternance de rêves et de découragements, le grand échec sentimental d'une génération à travers celui de Frédéric Moreau. À un premier niveau donc, parallélisme des deux modulations de l'œuvre. Les principaux événements ayant trait à la montée de la révolution et à sa répression se développent effectivement dans le temps du roman en une courbe tout à fait parallèle à celle des rencontres — et des absences — essentielles entre Frédéric et Marie Arnoux, jusqu'en décembre 1851, où finissent de s'écrouler les deux rêves.

Au niveau des personnages, l'imbrication se fait dans le mouvement des relations, à partir de ce rôle de contact immédiatement révélateur, cachant et dévoilant, qu'est le regard. Nous nous attacherons à la distribution de ces regards échangés, au réseau éphémère, mais combien organisé, de ces rapports.

Sur un plan de fonctionnement plus extérieur, nous analyserons ensuite quelques-uns des mécanismes structurants qui confèrent au récit, sous les apparences d'une progression floue et incohérente, une solidité et un agencement qui en font une œuvre vraiment ordonnée. Procédé de double encadrement (début et fin du roman) ; grille ordonnatrice ; reprises symétriques, redoublements ; retours d'objets ; mouvements d'alternance du sentiment : autant de combinaisons assurant à l'Éducation une organisation formelle à géométrie très nette. Nous verrons également comment toutes les séries de réponses (construction en miroir, seconds membres des doublets, retour d'objets) sont données chaque fois comme une image dégradée, créant un vide à la place du volume d'espoir et d'éléments positifs suggérés par les premières situations.

Le parallélisme des deux modulations apparaît clairement si l'on distribue en un graphique très simple de parties/chapitres/dates les moments essentiels de l'agitation politico-sociale et ceux de la relation Frédéric-Marie Arnoux. La direction des courbes ainsi obtenues n'a bien sûr aucune signification en soi, sinon celle du déroulement du récit du début vers sa fin, de septembre 1840 à décembre 1851, et du premier chapitre de la première partie au cinquième chapitre de la troisième. Il faut en outre signaler que le sens de ce parallélisme est double : d'une part, les événements jalonnant les deux modulations se produisent presque toujours en même temps ou à peu de jours près, et au plus à un ou deux chapitres d'intervalle ; d'autre part le sens du contenu même de ces événements est presque toujours identique, positif ou négatif : espoirs du mouvement populaire et chances de Frédéric ; revers de la révolution et découragement de Frédéric.

Nous pouvons déceler de cette façon huit couples d'événements qui se répondent d'une modulation à l'autre dans le temps et les chapitres. C'est d'abord le coup de foudre sur le bateau de Montereau (I,1) et l'annonce de Deslauriers : « Patience ! un nouveau 89 se prépare ! » (I,2), coup d'envoi des deux modulations. Puis, à Paris, le premier dîner Arnoux auquel Frédéric est invité (I,4) et les premières agitations de rue (I,4) dont il est témoin ; c'est ensuite le retour de la fête à Saint-Cloud, où Frédéric est avec Mme Arnoux dans la voiture, croyant voir entre elle et lui « un lien nouveau, une espèce de complicité » parce qu'il la voit pleurer (I,5) ; et par ailleurs le pique-nique des « amis », où Sénécal, comme aux réunions du samedi soir, « s'en prenait à l'ordre social, maudissait les riches » et où tous sympathisent dans la haine du gouvernement (I,5).

Vient alors un premier couple d'événements négatifs : la triste visite de Frédéric à Creil, où Marie Arnoux le reçoit de façon froide et désespérante (II,3) et l'emprisonnement de Sénécal, prévenu d'attentat politique et arrêté alors qu'il portait de la poudre (II,4). Sixième couple, et derniers événements heureux avant les débâcles, l'automne idyllique pendant lequel Frédéric va retrouver Marie, presque chaque jour, à Auteuil (II,6), et la libération de Sénécal, « l'instruction n'ayant point fourni assez de preuves, sans doute, pour le mettre en jugement», libération suivie du « punch » offert par Dussardier pour célébrer l'événement (II,6). Mais dès lors, avec le rendez-vous manqué de la rue Tronchet (II,6) et le sac des Tuileries, puis l'insurrection de Paris (III,1), c'est la fin des espoirs ; l'attente fébrile et déçue de Frédéric, le « peuple souverain » du 24 février trompé une fois de plus, et l' « ordre rétabli ».

Il ne reste plus alors qu'une sorte de triste épilogue : l'indifférence de Marie Arnoux lors du dîner Dambreuse, la dernière visite de Frédéric et ce long baiser brusquement interrompu par l'arrivée de Rosanette qui emmène Frédéric, et enfin la vente Arnoux, la dispersion de SES vêtements, de SES meubles (III,3,4,5), à quoi répond le coup d'État, qui est bien le coup de grâce donné aux dernières aspirations du peuple (III,5).

Un bref tableau pourrait résumer cette distribution de la façon suivante :

1. *a*) sur le bateau de Montereau I,1
   b) « un nouveau 89 se prépare » I,2
2. *a*) premier dîner Arnoux I,4
   b) premières agitations de rue I,4
3. *a*) le retour de Saint-Cloud I,5
   b) réunions des amis I,5
4. *a*) l'héritage : « La revoir ! » .... I,6 ; II,3
   b) le déjeuner des amis II,1
5. *a*) Frédéric à Creil II,3
   b) Sénécal emprisonné II,4
6. *a*) l'automne à Auteuil II,6
   b) Sénécal libéré II,6
7. *a*) le rendez-vous manqué II,6
   b) sac des Tuileries, insurrection III,1
8. *a*) dîner Dambreuse, dernière visite à Marie, vente Arnoux III,3,4,5
   b) le coup d'État III,5

Nous avons quatre séries d'épisodes positifs, où tous les espoirs sont permis dans l'une et l'autre modulation, suivis d'un cinquième couple d'événements plus sombres, annonciateurs de la débâcle finale ; puis, comme un faux rebondissement, un double bonheur, celui de l'automne à Auteuil et la libération de Sénécal. Tout de suite après c'est la chute accélérée, en deux groupes d'échecs : le rendez-vous manqué, la dernière visite de Frédéric et la vente des biens d'Arnoux d'une part ; et, d'autre part, le sac des Tuileries, fausse victoire du peuple, l'insurrection de Paris et le coup d'État du 2 décembre.

Encore une fois, il va sans dire que c'est le contenu même de chacun de ces repères qui doit d'abord retenir l'attention. Et plusieurs de ces moments ramassent, ou superposent divers éléments du déroulement. Ainsi la révolution éclate alors que Rosanette devient la maîtresse de Frédéric ; les bruits de la canonnade à Paris (juin 1848) les atteignent à Fontainebleau où Frédéric a entraîné Rosanette, la sommant de choisir entre Arnoux et lui sans pour autant être brouillé avec Arnoux, ce qui lui ôterait toute chance d'un retour vers l' « autre ». Et, à la fin, on assiste à une triple — à une quadruple ruine : pour Frédéric c'est la vente Arnoux, ou l'éclatement et la dispersion de son rêve essentiel ; son mariage rompu avec Mme Dambreuse ; le mariage de Louise Roque vers qui il revenait en dernier espoir ; et au milieu de ces échecs sentimentaux, au matin du coup d'État, l'espoir de la république et de la démocratie aboli pour vingt ans.

Dans l'Éducation sentimentale, nous avons deux groupes de sept personnages : d'abord, ceux que l'on a appelés les « amis », et que l'on ne retrouve, sauf exception, qu'autour de la modulation historique : Dussardier, Sénécal, Pellerin, Regimbart, Cisy, Hussonnet et Martinon. Puis les personnages plus épisodiques, dont le caractère de simple utilité est plus net : Mme Moreau, le père Roque et sa fille Louise, le banquier Dambreuse, la Vatnaz et Delmas, la Bordelaise.

Au premier plan se répondent deux groupes essentiels : Frédéric, Marie Arnoux et Deslauriers d'un côté ; Rosanette, Jacques Arnoux et Mme Dambreuse de l'autre. Frédéric Moreau demeurant bien entendu le témoin par excellence, le personnage-prétexte, si l'on peut dire, en qui Flaubert résume l'éducation sentimentale de toute une génération, d'une époque entière. Voyons sur quel mode s'établissent et se poursuivent les rapports entre Frédéric, d'une part, et, successivement, Marie Arnoux, Deslauriers, Rosanette, Mme Dambreuse et Louise Roque.

Entraînés dans leur inertie individuelle, les personnages de *l'Éducation sentimentale* n'ont d'abord pour se reconnaître que le seul appui du regard. La multiplicité des regards échangés passe, de façon nécessaire, par la vision des autres, et le principal témoin se trouve être Frédéric, qui établit un lien, qui entre en « contact visuel » avec les autres. Ainsi Flaubert accorde-t-il une importance extrême à l'apparition des personnages, à la présence visible, objet de la première connaissance. Si Flaubert prétendait un jour, à force de regarder un caillou, un animal, un tableau, se sentir y entrer, le même regard ne se voudra-t-il pas aussi perçant s'il est projeté sur les êtres ? Et non seulement le personnage ainsi observé est-il objet ; bien plus : il regarde en même temps, et dans ce regard regardé s'établit une sorte de courant magnétique qui les livre l'un à l'autre (le regard étant la « faille par excellence », selon l'expression de Jean-Pierre Richard). On en arrive au point où, le regard étant ce qui se détache, ce qui émane de l'être, se développe une forme de fétichisme de ce regard de la même façon que tout ce qui a touché au corps devient objet-fétiche.

Ce regard de la femme enivre, aveugle, paralyse, ainsi que l'a rappelé Roger Kempf. Et la fascination, d'habitude, s'opère au cours d'un étrange ballet où les personnages vont et viennent, muets, se croisant, finissant par s'adresser quelques mots ; mais l'essentiel tient dans la vision réciproque. Certains points de rencontre deviennent alors privilégiés : l'Art industriel, où l'on se voit en fin d'après-midi ; la chambre de Rosanette, où l'on vient en passant, à la sortie du théâtre ou du cercle ; les dîners Arnoux, le salon Dambreuse où les invités ne savent que se dire, et échangent des banalités, des dialogues à vide : « Il va faire, tout à l'heure, une chaleur ! — Oh ! c'est vrai, étouffante ! — De qui donc est cette polka ? — Mon Dieu ! je ne sais pas, Madame [6] ! » Il y a aussi des centres d'attraction où les regards s'attirent, irrésistiblement : l'appartement des Arnoux, où Frédéric revient constamment, sans raison précise, comme vers un mirage ; c'est vraiment là le pôle de convergence : toutes les rues y mènent, tous les fiacres semblent prêts à y conduire, comme on s'en rappellera, pour ces visites où, pendant de longs moments, Frédéric reste muet, contemplant Mme Arnoux, presque en extase.

L'amour — et l'ensemble des relations — entre Frédéric et Marie Arnoux apparaissent comme une passion de l'apparence, du seul visuel, que Maurice Blanchot a précisément définie [7]. Du premier contact (« Ce fut comme une apparition : [...] il ne distingua personne dans l'éblouissement que lui envoyèrent ses yeux [8] ») à l'ultime rencontre (« Dans la pénombre du crépuscule, il n'apercevait que ses yeux sous la voilette de dentelle noire qui masquait sa figure [9] »), on assiste au déroulement d'une sensation mystique, presque d'un état de transe. Frédéric est subjugué par cette lumière, il se liquéfie sous le soleil des yeux de Marie

---

6. *Œuvres,* t. II, p. 189.
7. « [...] qu'arrive-t-il quand ce qu'on voit, quoique à distance, semble vous toucher par un contact saisissant, quand la manière de voir est une sorte de touche, quand voir est un contact à distance ? Quand ce qui est vu s'impose au regard, comme si le regard était saisi, touché, mis en contact avec l'apparence ? Non pas un contact actif, ce qu'il y a encore d'initiative et d'action dans un toucher véritable, mais le regard est entraîné, absorbé dans un mouvement immobile et un fond sans profondeur. Ce qui nous est donné par un contact à distance est l'image, et la fascination est la passion de l'image. [...] Ce milieu de la fascination, où ce que l'on voit saisit la vue et la rend interminable, où le regard se fige en lumière, où la lumière est le luisant absolu d'un œil qui ne voit pas, qu'on ne cesse pourtant de voir, car c'est notre propre regard en miroir, ce milieu est, par excellence, attirant, fascinant : lumière qui est aussi l'abîme, une lumière où l'on s'abîme, effrayante et attirante » (Maurice Blanchot, *l'Espace littéraire,* p. 25-26).
8. *Œuvres,* t. II, p. 36.
9. *Ibid.,* p. 449.

Arnoux : « [...] il sentait ses regards pénétrer son âme, comme ces grands rayons de soleil qui descendent jusqu'au fond de l'eau [10] » ; il rêve de « boire son âme dans ses yeux [11] ». Dans *Novembre,* c'était un fluide lumineux qui coulait sur le cœur, en effluves. Pendant les dîners de la rue de Choiseul, Frédéric ne parle pas : il contemple, et cette contemplation, seule, l'énerve « comme l'usage d'un parfum trop fort [12] ».

Le culte ainsi établi prend toutes les apparences d'une religion, alors que Frédéric sent en lui un « souffle intérieur » qui l'enlève « comme hors de lui » (le soleil aspirant l'âme liquide) ; et bien plus : il éprouve une sorte d'infériorisation devant l'être supérieur, « une envie de se sacrifier, un besoin de dévouement immédiat, d'autant plus fort qu'il ne pouvait l'assouvir [13] ». Et « Il se sentait, à côté d'elle, moins important sur la terre que les brindilles de soie s'échappant de ses ciseaux [14] ». Ce n'est pas Marie Arnoux qu'il aime : c'est une idole, intouchable, qu'il vénère, l'image d'une divinité. Marie Arnoux se retrouve dès lors dans cette contemplation absolument absente, neutralisée. C'est justement l'explication que propose Maurice Blanchot de la fascination visuelle [15].

La direction du regard prend alors tout son sens, et l'éclairage de « gloire » dans lequel Marie Arnoux est presque toujours placée : comme Henry dans la première *Éducation,* qui regarde toujours Mme Renaud « de bas en haut, comme une madone », alors qu'elle baisse les yeux sur lui, ainsi Frédéric, lors de leur dernière rencontre, par exemple,

10. *Œuvres,* t. II, p. 116.
11. *Ibid.,* p. 101.
12. *Ibid.,* p. 99.
13. *Ibid.,* p. 116.
14. *Ibid.,* p. 202.
15. « Quiconque est fasciné, ce qu'il voit, il ne le voit pas à proprement parler, mais cela le touche dans une proximité immédiate, cela le saisit et l'accapare, bien que cela le laisse absolument à distance. La fascination est fondamentalement liée à la présence neutre, impersonnelle, le On indéterminé, l'immense Quelqu'un sans figure. Elle est la relation que le regard entretient, relation elle-même neutre et impersonnelle, avec la profondeur sans regard et sans contour, l'absence qui voit parce qu'aveuglante » (Maurice Blanchot, *l'Espace littéraire,* p. 27).

se pose par terre aux genoux de Marie. Et on la voit le plus souvent à contre-jour, comme à Saint-Cloud, pendant que le soleil se couche et qu'elle se tient assise sur une grosse pierre, « ayant cette lueur d'incendie derrière elle [16] ». Ou bien chez elle assise devant le feu, ou près de la fenêtre, dans la lumière du jour ; lorsqu'il la rencontre un après-midi, par hasard dans la rue, le soleil l'entoure ; et la dernière fois, quand elle vient le voir à la nuit tombante, il la reçoit dans son cabinet, se laissant aller à ses genoux pendant qu'elle, « le dos tourné à la lumière, se penchait vers lui [17] ». Une seule fois, lors de la désolante entrevue à Creil, où elle le repousse impitoyablement :

« Le feu dans la cheminée ne brûlait plus, la pluie fouettait contre les vitres, Mme Arnoux, sans bouger, restait les deux mains sur les bras de son fauteuil ; les pattes de son bonnet retombaient comme les bandelettes d'un sphinx ; son profil pur se découpait en pâleur au milieu de l'ombre [18]. »

C'est le temple refroidi, inhospitalier, où la statue de l'idole, dans la nuit hostile et le silence, reste seule, immobile et sourde aux prières désespérées. C'est d'elle qu'émane la seule lumière, cette fois : sa vertu, son refus se dressent dans la nuit qui tombe.

De l'amour offert à l'amour d'abord refusé, puis à moitié consenti, suffisent essentiellement ces regards éperdus, silencieux : « Pendant une minute, aucun des deux ne parla [19] » ; « Puis ils restèrent à se contempler, face à face, l'un près de l'autre [20] » ; et, même, quand ils se parlent : « Bientôt il y eut dans leurs dialogues de grands intervalles de silence [21]. » L'important est tout dans le geste non posé, dans les mots non prononcés, dans cette étrange présence-absence qui modèle jusqu'à la fin toute leur relation. Les très rares contacts physiques établis entre eux se dissol-

16. *Œuvres*, t. II, p. 115.
17. *Ibid.*, p. 451.
18. *Ibid.*, p. 230.
19. *Ibid.*, p. 291.
20. *Ibid.*, p. 388.
21. *Ibid.*, p. 302.

vent en une sorte d'interpénétration anonyme ; quand elle lui tend la main, au premier dîner, « [...] il éprouva comme une pénétration à tous les atomes de sa peau[22] » ; de la même façon Léon Dupuis, sur le point de quitter Emma, sentait dans cette paume humide « la substance même de tout son être[23] ». Le contact effectif les liquéfie — non l'un dans l'autre — mais hors de chacun des deux, dans un espace impersonnel, et hors du temps. Caresses visuelles (regard plongeant dans l'autre regard, dans l'autre corps), haleine, parfum, moiteurs, les épanchements ne s'opèrent que par procuration.

Caresses vocales, également, inflexions qui semblent enlacer, envelopper : « Sa voix, un peu sourde naturellement, avait des intonations caressantes et comme des légèretés de brise[24] » ; et encore : « Elle répondit, d'une voix basse et pleine de caresses [...][25] » ; lors de leur dernière rencontre : « [...] j'avais toujours au fond de moi-même la musique de votre voix et la splendeur de vos yeux[26]. »

Autre intermédiaire à l'amour, autre processus de substitution : l'invention romanesque, l'affabulation, le roman que Frédéric a l'intention d'écrire (qui ne sera jamais qu'un projet, évidemment, comme l'amour qui l'inspire), et dans lequel il insère un élément du réel, dans un mouvement incantatoire, les rideaux de son appartement : « Le héros, c'était lui-même ; l'héroïne, Mme Arnoux. [...] et, pour l'avoir, il assassinait plusieurs gentilshommes, brûlait une partie de la ville et chantait sous son balcon, où palpitaient à la brise les rideaux en damas rouge du boulevard Montmartre[27]. » Puis, substitution en peinture, alors qu'il la voit à la place des personnages des tableaux du Louvre : « [...] son amour l'embrassant jusque dans les siècles disparus, il la substituait aux personnages des peintures. Coiffée d'un hennin, [...]. Seigneuresse de Castille ou des Flandres [...]. D'autres fois,

22. *Œuvres*, t. II, p. 81.
23. *Ibid.*, t. I, p. 434.
24. *Ibid.*, t. II, p. 175.
25. *Ibid.*, p. 388.
26. *Ibid.*, p. 451.
27. *Ibid.*, p. 56.

il la rêvait en pantalon de soie jaune, sur les coussins d'un harem [28]. » Il la replace dans les siècles disparus, l'éloignant dans le temps, l'immobilisant dans des personnages de fiction, dans des images.

Ce défaut de dimension concrète, d'appui, de consistance des rapports entre Frédéric et Marie Arnoux éclaire en partie le développement aléatoire de leur relation et le jeu de va-et-vient constant selon lequel évoluent les sentiments de Frédéric. Brusquement désenchanté par ce qu'il a pu prendre pour de la froideur, de l'indifférence, il quitte l'appartement Arnoux en se jurant de n'y plus jamais remettre les pieds. Puis, quelques jours après, il revient, tressaillant de joie anticipée à l'idée de la revoir. Bien plus : « [...] les passions [s'étiolant] quand on les dépayse », il retrouve Marie avec déception, au retour de Nogent, quand il la voit rue Paradis-Poissonnière, et non plus dans le cadre raffiné de la rue de Choiseul. Mais peu après, sortant de chez Rosanette, il éprouve brusquement l'envie de la revoir, « [...] ressaisi par un amour plus fort que jamais, immense [29] ». Plus tard, à nouveau trompé dans ses espoirs, il se fait le serment de ne plus jamais la revoir ; puis, après quelques semaines, c'est elle qui vient le prier d'intercéder auprès du banquier Dambreuse. Il est transporté, encore une fois : « [...] il contempla le fauteuil où elle s'était assise et tous les objets qu'elle avait touchés. Quelque chose d'elle circulait autour de lui. La caresse de sa présence durait encore [30]. » De nouveau enchanté par cette seule exhalaison d'une présence passagère, il retombe dans le vieil amour.

Quelque temps après, ce sera la désolante rencontre de Creil, d'où il sort avec la ferme intention de l'oublier, de se venger même (ce qui est déjà une façon d'y penser encore) en accompagnant Rosanette aux courses le lendemain. Mais ELLE y est également, qui les verra ensemble : affaissé, il sent qu'une chose irréparable s'est produite, et qu'il a perdu son « grand amour ».

28. *Œuvres*, t. II, p. 100.
29. *Ibid.*, p. 165.
30. *Ibid.*, p. 219.

Quelques mois plus tard, et une fois que Marie Arnoux s'est avoué à elle-même qu'elle l'aime, ils connaîtront un automne charmant à Auteuil. Mais dès février, comme elle n'est pas venue au rendez-vous de la rue Tronchet, l'amour de Frédéric disparaît « comme un feuillage emporté par le vent[31] » et il se jure de n'avoir plus un désir. Presque un an s'écoule, ils se revoient au dîner Dambreuse : il a un vertige, « et le vieil amour se réveille[32] », aussitôt rebuté par la froideur apparente de Marie. Malgré tout, un soir, il « se met en marche » pour aller chez elle, tout s'éclaire à nouveau, et dans un sanglot de tendresse, ils s'étreignent, debout, dans un long baiser. C'est la dernière fois qu'ils se voient, elle ne sera plus désormais présente qu'à sa pensée, « formant comme la substance de son cœur, le fond même de sa vie[33] », jusqu'à ce soir de mars 1867 où elle reparaît chez lui, pour lui avouer son amour de jadis. Malgré cette longue suite d'allers et de retours, d'hésitations, d'abandons au sentiment, malgré ce manque de constance, d'épaisseur, de densité, au-delà de toutes les incertitudes de cet amour illusoire, le dernier mot en est un de satisfaction : « N'importe, nous nous serons bien aimés », lui confie-t-elle ; et de la revoir, et d'entendre l'aveu rétrospectif qui annule deux fois cet amour incertain, effaçant pour Frédéric toutes les angoisses passées : « Il ne regretta rien. Ses souffrances d'autrefois étaient payées[34]. » Apologie du refusé, du non-événement, de ce qui, un jour, n'aura jamais été qu'un rêve impossible.

Les relations Frédéric-Deslauriers s'articulent selon un modèle beaucoup plus complexe, en une longue courbe parallèle, jusqu'au bilan final qui les retrouve encore une fois accordés, comme aux premières pages, après l'entrelacs des divergences et des ententes qui se déroule entre eux tout au long du roman. Ils ne se ressemblent pas : ils sont deux visages complémentaires d'un même être en contradiction profonde. Frédéric rêve sa vie, alors que Deslauriers agit la sienne,

31. Œuvres, t. II, p. 314.
32. Ibid., p. 372.
33. Ibid., p. 434.
34. Ibid., p. 451.

mais dans un sens trop univoque, trop rigide. Il manque essentiellement à l'un ce que l'autre possède, et c'est ce qui les oppose et les unit à la fois, partant de visions semblables, d'ambitions de jeunesse similaires.

Les frictions naissent entre eux, principalement, à cause de la fortune de Frédéric. Dès son retour à Paris, après l'héritage, ils se retrouvent avec joie, et il n'y a que le respect humain pour les empêcher de s'étreindre longuement dans la rue. Mais pendant qu'ils dînent au Véfour, Deslauriers a ce mot : « Ah ! saprelotte, nous allons nous la repasser douce, maintenant ! » Et Frédéric n'aima point cette manière de s'associer, tout de suite, à sa fortune. Son ami témoignait trop de joie pour eux deux, et pas assez pour lui seul [35]. » Il y aura toujours cette différence de fortune entre eux, désormais. De là découle toute l'affaire du projet de journal politique de Deslauriers, que Frédéric devait commanditer, et qui ne se réalisera jamais ; Deslauriers s'estimera volé, son amitié pour Frédéric anéantie. Sa grossière tentative pour séduire Mme Arnoux, comme son mariage avec Louise Roque, relèvent peut-être, de façon inconsciente, d'un étrange désir d'imiter Frédéric ou de se substituer à lui ; elle constitue également une manière de se venger de ce qu'il appelle l'égoïsme de son ami. Ainsi que l'a noté Thibaudet, Frédéric retrouve constamment Deslauriers sur son chemin, à ses moments de « triomphe » : le soir du premier dîner rue de Choiseul, Deslauriers arrive de Nogent et s'installe chez lui ; au retour des courses avec Rosanette, la voiture de Frédéric éclabousse un passant en qui il reconnaît Deslauriers ; venant de posséder Mme Dambreuse, il retrouve encore une fois son ami accablé de désillusions et d'amertume. À un niveau plus profond, ils forment tous deux ce que l'on pourrait appeler un couple nécessaire, ils se retrouveront dans la même chute, au bilan de la fin.

Depuis leur amitié de collège, une sorte de lien ambigu les unit l'un à l'autre, plus solidement qu'aucune fatalité, et où Deslauriers joue le rôle de décision, de volonté,

35. *Œuvres*, t. **II**, p. 142.

de fermeté. « Il aurait voulu le conduire absolument, le voir se développer d'après l'idéal de leur jeunesse [36]. » Au moment de se séparer, quand Frédéric part entreprendre ses études de Droit à Paris, l'autre lui donne une série de conseils, de directives : il doit cultiver Arnoux, il doit prier le vieux Roque de l'introduire chez les Dambreuse ; même, s'arranger pour plaire à la femme du banquier ; et surtout : « Dernier conseil : passe tes examens ! un titre est toujours bon [37] ! » Comme si la réussite de son ami était un peu la sienne. À Paris, il voit Frédéric député dans dix ans, dans quinze ans ministre.

Dans les premiers temps de leur cohabitation, c'est Frédéric qui « s'occupe du ménage », qui range l'armoire, en même temps qu'il subvient à toutes leurs dépenses, alors que Deslauriers, lui, voit à morigéner le concierge. On aura le mot de cette relation au moment où Deslauriers se substitue à Frédéric dans sa démarche auprès de Mme Arnoux : « Puis il songea à la personne même de Frédéric. Elle avait toujours exercé sur lui un charme presque féminin [38]. » Bien que Deslauriers soit fasciné par la « personne même » de son ami, il exerce néanmoins sur lui une certaine domination, un pouvoir de contrainte. Et quand Frédéric vient lui annoncer son accord pour le projet de journal : « À la bonne heure ! s'écria Deslauriers ; je retrouve mon Frédéric. Et, lui mettant le poing sous la mâchoire : — Ah ! tu m'as bien fait souffrir. N'importe ! je t'aime tout de même ! Ils étaient debout, et se regardaient, attendris l'un et l'autre, et près de s'embrasser [39]. »

Frédéric se dérobera encore une fois, et après une nouvelle fâcherie ils se retrouveront à nouveau :

« Frédéric, au nom de l'avocat, fut pris d'un besoin extrême de le revoir. [...] Deslauriers, également, sentait depuis leur brouille une privation dans sa vie. [...] Tous deux s'embrassèrent, puis se mirent à causer de choses indifférentes. [...] Ils

36. *Œuvres*, t. II, p. 91.
37. *Ibid.*, p. 49.
38. *Ibid.*, p. 276.
39. *Ibid.*, p. 210.

étaient [...] aussi liés qu'autrefois, et même ils avaient tant de plaisir à se retrouver ensemble, que la présence de Dussardier les gênait [40]. »

Et curieusement, quand Deslauriers en viendra à perdre les ambitions qu'il nourissait pour Frédéric, le dissuadant de retourner chez Dambreuse pour placer des capitaux dans les houilles, on comprend le véritable fond de domination qui explique une part de cette amitié : « [...] et puis, il aimait mieux Frédéric dans la médiocrité. De cette manière, il restait son égal, et en communion plus intime avec lui [41]. »

C'est là leur véritable nature, ce même registre de vie manquée, qui les réconcillie toujours, et les fait « se rejoindre et s'aimer [42] ». Tels ils déambulaient, à dix-huit ans, dans la nuit de Nogent en échafaudant des projets mirifiques, tels on les retrouve trente ans après, au coin du feu, mesurant leur échec respectif sans trop d'amertume, un peu mélancoliques, évoquant les jours où ils rêvaient de succès et de gloire. Ce qu'ils ont eu de meilleur, c'est le moment de la possession virtuelle, où tout était possible. Mais rien n'a eu lieu : l'un avait trop de logique, l'autre trop de sentiment. Dans un même personnage, il aurait pu y avoir effort d'unification, menant à une réalisation de soi. Ces deux êtres complémentaires suivaient des voies parallèles, souvent très proches l'une de l'autre, et qui ne devaient évidemment jamais se rejoindre en une même destinée, ne les conduisant l'un et l'autre qu'à une faillite pourtant semblable.

Entre Frédéric et Rosanette, le mécanisme du regard joue encore un rôle essentiel. Il faut noter d'abord que leur première rencontre est placée sous le signe du déguisement : Frédéric est amené chez elle un soir de bal masqué, et Rosanette, qui vit de mensonge en mensonge comme dans une seconde nature, apparaît en costume de dragon Louis XV, d'où ce surnom de Maréchale. Elle aussi fixe ses yeux sur Frédéric, en le fascinant, et ce regard a le

---

40. *Œuvres*, t. II, p. 273.
41. *Ibid.*, p. 298.
42. *Ibid.*, p. 453.

pouvoir de lui faire abandonner toute fermeté, ce regard le « liquéfie » encore une fois : « [...] debout devant lui, elle le regardait, les cils rapprochés et les deux mains sur les épaules. Toute sa vertu, toute sa rancune sombra dans une lâcheté sans fond [43]. » Et pendant l'idylle à Fontainebleau : « [...] ils restaient l'un en face de l'autre, à se regarder, plongeant dans leurs prunelles, altérés d'eux-mêmes, s'en assouvissant toujours, puis les paupières entre-fermées, ne parlant plus [44]. » Ces regards hypnotiques n'ont cependant qu'un effet momentané, et même si Rosanette l' « exaspère de désir », lui jette au cœur des « désirs fous », il y a constamment entre eux un invisible mur, une paroi transparente qui les empêche de se rejoindre tout à fait ; cette présence entre eux est évidemment celle de Marie Arnoux, l'autre. Ces deux femmes représentent pour lui deux figures absolument dissociées d'un même être mythique, qui renvoient sans cesse l'une à l'autre, et entre lesquelles il est absolument partagé. Ce modèle de dichotomie ressemble, à son niveau, à celui qui existe entre Frédéric et Deslauriers, semblables et pourtant différents, l'un représentant les pulsions volontaires, actives, et l'autre le glissement à la rêverie, à la passivité.

Marie Arnoux est la femme idéale, abstraite, appelant l'adoration, alors que Rosanette incarne la possession concrète, le charnel, invite à la profanation. Frédéric sanglotant la tête dans l'oreiller, rue Tronchet, où il a amené Rosanette alors qu'il espérait y conduire Marie Arnoux, pleure l'absence de l'autre, bien entendu, mais plus encore la fusion impossible des deux, la présence idéale. Ces deux « musiques » que font dans sa vie les deux femmes, se mêlent peu à peu, sans jamais faire une seule mélodie : « [...] car, si Mme Arnoux venait à l'effleurer du doigt seulement, l'image de l'autre, tout de suite, se présentait à son désir [...] ; et, dans la compagnie de Rosanette, quand il lui arrivait d'avoir le cœur ému, il se rappelait immédiatement son grand amour [45]. » Il est étrange de constater que la présence de Marie Arnoux le renvoie à

43. Œuvres, t. II, p. 241.
44. Ibid., p. 359.
45. Ibid., p. 175-176.

une possession future de Rosanette, alors qu'avec Rosanette, il est sans cesse ramené en arrière, au souvenir de Marie Arnoux. Accompagnant un jour la Maréchale, rue de la Paix, en fin d'après-midi, il est tellement repris par son mirage qu'il en oublie celle qui marche à son bras :

« Ils allaient côte à côte, elle appuyée sur son bras, et les volants de sa robe lui battaient contre les jambes. Alors il se rappela un crépuscule d'hiver, où, sur le même trottoir, Mme Arnoux marchait ainsi à son côté ; et ce souvenir l'absorba tellement, qu'il ne s'apercevait plus de Rosanette et n'y songeait pas [46]. »

Même heure du jour, même saison, même trottoir, et Frédéric bascule encore une fois dans le souvenir, renonçant au moment présent, tiré en arrière vers une éventualité antérieure, dans ce faisceau de possibles indistincts, d'éventualités vagues.

Et tout compte fait, c'est Rosanette qui aura un moment l'illusion de le posséder, croyant enfin entrer dans la vie stable dont elle a toujours nourri le désir : la vie de ménage et un intérieur paisible. « Il était maintenant sa chose, sa propriété [47]. » Mais la perspective du mariage, et l'ineptie de la Maréchale qui l'exaspère de plus en plus, toutes ses « défectuosités » : mauvais goût, ignorance, jusqu'à ses paroles, sa voix, son sourire, son regard, en viendront à lui déplaire, il en sera excédé ; et par-dessus tout, l'image de l'autre, toujours présente, l'éloignera à jamais de Rosanette à qui il avoue froidement, avant de la quitter : « Je n'ai jamais aimé qu'elle [48]. »

Mme Dambreuse, elle aussi, est d'abord perçue à travers un des signes qui la prolongent, et qui l'annoncent aux yeux de Frédéric : le coupé bleu, cette petite boîte capitonnée, avec ses passementeries et ses effilés de soie, d'où s'échappe un parfum d'iris « et comme une vague senteur d'élégances féminines [49] ». Encore n'a-t-il vu d'elle que son dos,

46. Œuvres, t. II, p. 183.
47. Ibid., p. 385.
48. Ibid., p. 441.
49. Ibid., p. 51.

couvert d'une mante violette, puis le cocher lâche les rênes et tout disparaît par enchantement, comme une vision fugitive. Là également, la reconnaissance s'opère par le regard. À la fin de sa deuxième année à Paris, un soir qu'il est entré par désœuvrement au théâtre de la Porte Saint-Martin, Frédéric est plus attentif à observer Mme Dambreuse, dans la première loge d'avant-scène, qu'au spectacle qui se déroule sur le plateau. Au premier mercredi où il est invité, il l'observe encore ; au bal, peu après, il la regarde d'un œil critique et pour la première fois, il pense à la « grâce particulière » et à la « langueur passionnée » de ses boucles à l'anglaise ; sitôt après il pense : « [...] ce serait crânement beau d'avoir une pareille maîtresse [50] ! » C'est moins une maîtresse qu'il cherche qu'une image à se donner à lui-même. Et s'il se met à « faire tout ce qu'il faut », c'est davantage à cause du fait qu'une telle liaison le « poserait », il y a là plus d'ambition sociale que de désir amoureux : « [...] il la convoitait comme une chose anormale et difficile, parce qu'elle était noble, parce qu'elle était riche, parce qu'elle était dévote, se figurant qu'elle avait des délicatesses de sentiment, rares comme des dentelles [51]. »

Il n'inventera pas de nouvelles déclarations, une approche originale : il se sert du « vieil amour », et, par personne interposée, les mêmes phrases s'adressent à la même femme. Du reste, c'est « par ennui surtout » que Mme Dambreuse finira par céder, et dès lors qu'elle y vient, c'est elle qui domine Frédéric, le « traînant » dans le monde, l'imposant et le dominant entièrement : « [...] elle voulut que Frédéric l'accompagnât le dimanche à l'église. Il obéit, et porta le livre [52]. » C'est elle qui lui demande de l'épouser, comme c'est Rosanette qui l'obsède avec ses désirs de mariage, et comme Louise Roque le presse de venir demander sa main. Quand il est prêt à renoncer à tout, même à la « désillusion de ses sens », pour accéder à ce que la veuve du banquier représente à ses yeux, et lorsqu'elle lui demande de l'épouser, il est ébloui par sa fortune, étourdi encore une fois par la

50. *Œuvres*, t. II, p. 194.
51. *Ibid.*, p. 396.
52. *Ibid.*, p. 420.

proximité d'un événement qui le dépasse. Et ce n'est qu'en dernier ressort, au moment où l'épreuve de forces touche à son point culminant, quand elle achète le coffret italien à la vente Arnoux, qu'en un sursaut inattendu il abandonne tout plutôt que de voir violer le vide secret sur lequel il a échafaudé ses rêves les plus constants ; sinon il passe tout à fait sous la coupe de Mme Dambreuse, il devient — plus profondément encore que pour Rosanette — totalement « sa chose », il n'existe plus. Et ce grand froid qui lui traverse le cœur, c'est celui de ce rêve anéanti qui est mis à jour d'un seul coup, avec le cri de Mme Dambreuse, la dernière surenchère, du seuil de la salle des ventes : « Mille francs ! » Frédéric ne pèse pas lourd devant la force de caractère et le désir de domination de cette femme : son seul recours est la fuite.

De Louise Roque à Frédéric s'établit un curieux rapport où c'est elle qui pense constamment à lui, dans l'ardeur d'un premier amour, tandis qu'il ne fait pour sa part que revenir à son image, de loin en loin, et seulement pour se rassurer à l'idée de son attachement pour lui. C'est vers elle qu'il reviendra, en désespoir de cause, quand tous ses rêves se seront écroulés, en pensant : « Elle m'aimait, celle-là ! J'ai eu tort de ne pas saisir ce bonheur... [53] » Il arrivera à Nogent juste à temps pour voir le cortège de noce de Louise Roque et Deslauriers. Leur premier contact avait été, là encore, de regards échangés, ou « dardés » par-dessus la haie qui sépare les deux jardins : Frédéric voit cette petite fille, alors qu'elle « s'était brusquement arrêtée, avec son arrosoir à la main, en dardant sur lui ses prunelles, d'un vert-bleu limpide [54] ». Et elle lui voue d'abord une amitié un peu trouble — et troublante — se couchant sur son lit par exemple, et prétendant qu'elle est sa femme, alors que le lendemain il la trouvera en larmes, lui avouant qu'elle « pleure ses péchés ». Peu à peu, Frédéric se laissera glisser à cette amitié qui remplit en lui le vide et l'absence : « Son cœur, privé d'amour, se rejeta sur cette amitié d'enfant [55]. » Il n'empêche, bien

53. *Œuvres*, t. II, p. 447.
54. *Ibid.*, p. 122.
55. *Ibid.*, p. 127.

entendu, que Louise Roque ramène elle aussi, de façon constante, l'esprit de Frédéric vers Marie Arnoux, par une sorte de mouvement de convergence : que le banquier Dambreuse fasse allusion à M. Roque, Frédéric revoit Louise, puis ses souvenirs de tristesse à Nogent le retournent à la pensée de Mme Arnoux. De même, si le père Roque charge Frédéric d'une commission à Paris, c'est inévitablement pour qu'il achète des nègres en porcelaine chez Arnoux : ce chassé-croisé amène alors Rosanette qui surprend Marie et Frédéric s'embrassant ; et quelques jours plus tard, c'est au moment où Frédéric attend avec une impatience grandissante le rendez-vous de la rue Tronchet qu'il reçoit une lettre de sa mère, dans laquelle elle lui redit l'amour de Louise Roque, et lui rappelle le projet de leur mariage.

Frédéric passe à Nogent pour le « futur » de Louise. Revenant de Paris, il pense : « Tu m'aimeras, toi », alors qu'elle est toute prête à tomber dans ses bras ou à s'évanouir à sa vue. Frédéric conçoit ce « possible » amour comme une revanche, alors qu'il n'est pour rien dans le succès trop facile de cette entreprise. Et dès que Louise fait mine de pousser les choses, il se replie vers les souvenirs communs, qui sont comme des souvenirs d'enfance, inoffensifs, désamorçant le présent qui l'embarrasse : les promenades à la campagne, les gâteaux de sable, l'arrosoir, l'escarpolette, les poupées, le petit chien, l'album à colorier : autant d'objets entre eux, autant de temporisation. Il suffit à Frédéric de se savoir aimé ; et puis la « transformation extraordinaire » de Louise, en moins d'un an, l'étonne et lui fait peur. Il n'en demande pas davantage que « ce plaisir nouveau qui n'excédait pas l'ordinaire des plaisirs agréables [56] ». Il lui passe le bras autour de la taille, mais la voyant déjà défaillir et « devant cette vierge qui s'offrait, une peur l'avait saisi » et tout de suite il recule : « [...] ses caresses de langage avaient cessé, et ne voulant plus dire que des choses insignifiantes, il lui parlait des personnes de la société nogentaise [57]. » Lui qui a pourtant rêvé tant de fois d'enlever Marie Arnoux, reste immobile,

56. *Œuvres*, t. II, p. 282.
57. *Ibid.*, p. 284.

« avec un grand air d'ébahissement », quand elle lui parle de départs et de voyages ; comme Rosanette, et comme Mme Dambreuse, c'est elle qui lui demande de l'épouser : « [...] dardant contre les siennes ses prunelles vertes, d'une humidité presque féroce : — Veux-tu être mon mari ? — Mais..., répliqua Frédéric, cherchant quelque réponse... Sans doute, je ne demande pas mieux... »

Dès lors, Frédéric nous apparaît au centre d'un triangle dont les figures seraient interchangeables mais où tout l'aire est occupé par l'image et le souvenir de Marie Arnoux. À la périphérie, aux angles : Rosanette, Louise Roque et Mme Dambreuse, qui tentent de l'attirer chacune à soi, alors que la seule qu'il lui soit impossible d'avoir est justement celle qu'il poursuit. Le triangle se trouve parfois modifié, comme au dîner Dambreuse, auquel assiste Marie Arnoux, alors que le portrait de Rosanette par Pellerin occupe un instant la conversation. Toute une série de jeux d'opposition se déroule dans l'esprit de Frédéric, d'abord entre Mme Dambreuse et Rosanette, et entre Marie Arnoux et Rosanette, puis entre Mme Dambreuse et Louise Roque. À quelques reprises un affrontement effectif est inévitable : quand Rosanette surprend Marie Arnoux et Frédéric s'embrassant ; à l'hôtel des ventes, alors que Rosanette paraît devant Mme Dambreuse ; lors de cette vente, quand Mme Dambreuse s'obstine à acheter le coffret d'argent, comme si elle s'attachait à triompher insolemment de Marie Arnoux. Ces alternances et ces affrontements ne font que renforcer l'unique amour de Frédéric, tout en désespérant de plus en plus cette passion impossible.

L'Éducation sentimentale s'ouvre et se termine par un double encadrement de retour des mêmes personnages. À la première « apparition » de Marie Arnoux sur le bateau (I,1) répond sa dernière visite à Frédéric (III,6), et le dialogue entre Frédéric et Deslauriers dans la nuit de Nogent (I,2) trouve son pendant au bilan de la fin (III,7) où ils résument les vingt-neuf ans de durée du roman, et remontent même plus loin, jusqu'à leurs années de collège, éclairant une allusion du début qui constitue ainsi un redoublement de ce cadre. Alors que ce procédé pourrait nous laisser croire à un déroulement clos et que cette boucle ainsi bouclée pourrait nous donner l'impression d'un roman fermé, où le temps est dominé de l'extérieur, il n'en est rien : seule une phase est achevée, cette éducation désolante ; l'existence continue, un peu plus désenchantée, après les illusions perdues. Ce double cadre ne contribue qu'à étayer la construction, à retenir un moment l'eau du temps qui n'arrête pourtant pas son cours : ces limites sont toutes relatives ; et le « ce que nous avons eu de meilleur » ne marque pas la fin du roman, ce n'est qu'une phrase dans la vie.

L'ensemble des chapitres de l'*Éducation sentimentale* se distribue selon un schéma géométrique très net, si l'on met à part le chapitre 7 de la troisième partie, qui constitue en vérité l'épilogue du roman. En étudiant de près le contenu anecdotique de chaque chapitre, et en réduisant ce contenu à l'essentiel, nous en arrivons à déceler une organisation de la matière romanesque en cycles cohérents, qui se dessinent de façon absolument précise, de sorte que nous obtenons alors un ensemble de correspondances des chapitres entre eux, regroupés en trois ensembles de six chapitres chacun, de la façon suivante et compte tenu d'une distribution des chapitres des trois parties du roman à la verticale :

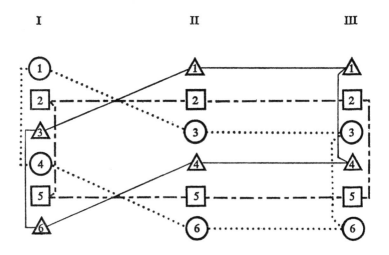

Ces trois cycles représentent trois niveaux d'événements : le premier comprend essentiellement la relation entre Frédéric et Marie Arnoux (I-1, I-4, II-3, II-6, III-3, III-6) ; le second exprime davantage les ambitions de Frédéric et de Deslauriers (I-2, I-5, II-2, II-5, III-2, III-5) ; le troisième concerne la vie de Frédéric face à la société, face à l'ensemble (I-3, I-6, II-1, II-4, III-1, III-4) [58]. Une disposition dans l'espace et un découpage vertical de la matière des trois parties entre elles établit clairement la constitution des trois cycles :

I. Frédéric-Marie Arnoux, du coup de foudre aux adieux :

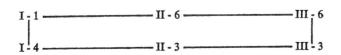

II. Frédéric-Deslauriers, ambitions et succès apparents :

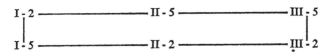

III. Frédéric et l'insertion dans le collectif :

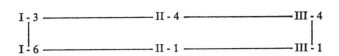

58. Il faut noter ici que cette organisation du roman en trois cycles ne rend compte que de ce que nous avons défini comme la première modulation du thème, ou, selon l'appellation même de Flaubert, des « premiers plans », alors que l'arrangement des « fonds » (modulation historique) se développe — logiquement — dans une progression linéaire dans le temps.

Les chapitres du cycle I comprennent donc : I-1, le coup de foudre sur le bateau ; I-4, le premier dîner Arnoux ; II-3, la visite de Marie Arnoux à Frédéric ; II-6, l'automne à Auteuil ; III-3, la dernière visite de Frédéric à Marie ; et III-6, les adieux.

Les chapitres du cycle II comprennent : I-2, les projets d'avenir de Frédéric et de Deslauriers ; I-5, le doctorat en Droit ; II-2, les succès de Frédéric chez les Dambreuse et auprès de Rosanette ; II-5, les tentatives de Deslauriers auprès de Marie Arnoux, et de Frédéric chez Louise Roque ; III-2, le dîner Dambreuse ; III-5, l'échec partout pour Frédéric, le succès apparent de Deslauriers.

Le cycle III comprend les chapitres I-3, l'installation à Paris ; I-6, la retraite forcée à Nogent ; II-1, Paris retrouvé ; II-4, les revers et les frustrations sociales ; III-1, les bouleversements politiques ; III-4, la tentative « politique » de Frédéric.

Nous constatons, à ce niveau de la trame romanesque, l'existence d'un réseau très construit d'événements, de situations, qui constitue une grille structurante de *l'Éducation sentimentale*.

D'un autre côté, si l'on dispose les chapitres des trois parties à l'horizontale, tout en marquant les cycles, l'organisation prend figure de double bifurcation symétrique avec, comme éléments stables, les chapitres 2 et 5 des trois parties, de la façon suivante :

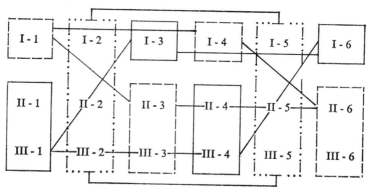

Nous avons ainsi une construction en miroir, ou en réflexion parfaite, le bloc I-1, I-4, II-6, III-6, II-3 et III-3 présentant l'image exactement inversée en I-6, I-3, II-1, III-1, II-4 et III-4, avec la symétrie en deux demi-ensembles I-2, II-2, III-2 et I-5, II-5, III-5. Cela produit les groupes d'opposition suivants :

Et les deux demi-cycles se réfléchissent ainsi : I-2/I-5, II-2/II-5, III-2/III-5 puisqu'en effet, à la promenade de Frédéric et Deslauriers dans la nuit de Nogent, où leur premier rêve s'écroule (I-2), répond I-5, où l'on voit Deslauriers rejoignant enfin son ami et partageant avec lui l'appartement du Quai Napoléon ; les ambitions qu'ils se racontaient cette nuit-là commencent à se réaliser : dîners du jeudi chez les Arnoux, invitation chez les Dambreuse, fête à Saint-Cloud et, à la fin de ce chapitre 5, nouvel écroulement de ce qu'on a cru un instant tenir : Frédéric rentre à Nogent où il décide de s' « enterrer », au moment où sa mère lui apprend le triste état de leur fortune. De II-2 à II-5 se déroule un jeu de mouvement inversé : le chapitre 2 retrouve Frédéric à qui tout paraît réussir : invitation aux mercredis Dambreuse, chances certaines auprès de Rosanette, et espoir de succès « démesurément accru » auprès de Marie Arnoux. Au chapitre 5, à Nogent, Frédéric voit s'organiser contre son gré le mariage avec Louise Roque, pendant qu'à Paris Deslauriers s'applique à le dénigrer auprès de Mme Arnoux. Entre III-2 et III-5 enfin, chassé-croisé parfait : au dîner Dambreuse, le « vieil amour » de Frédéric se réveille, malgré la froideur de Marie Arnoux ; il commence à penser à la possibilité d'une liaison avec Mme Dambreuse, et Louise Roque est là qui le dévore des yeux ; il est aussi question du portrait de Rosanette, au cours de la conversation. Louise ira même chez Frédéric, dans la nuit, mais il n'y est pas : il a rejoint Rosanette. Au chapitre 5, ayant emprunté à Mme Dambreuse — en lui mentant — la somme qu'il faut pour sauver Arnoux, il apprend que c'est trop tard ; la veuve du banquier finit par tout savoir, de son côté, et décide de faire saisir le mobilier Arnoux ; là-dessus Frédéric, exaspéré, quitte Rosanette, et après avoir également rompu avec Mme Dambreuse, songe à revenir à Louise Roque ; il ne survient à Nogent que pour voir le cortège de noce de Louise et Deslauriers sortant de l'église.

Quant au jeu de réflexion des blocs des deux autres cycles entre eux, il fonctionne de la façon suivante : I-1/I-6 ; I-4/I-3 ; II-3/III-3 ; II-4/III-4 ; et II-6, III-6/II-1, III-1. Du chapitre 1 au chapitre 6 (première partie), nous assistons à deux retours de Frédéric en province, le premier marqué par le coup de foudre sur le bateau, et faisant naître en lui tous les espoirs ; le second le retrouvant désespéré à l'idée de sa ruine financière, mais faisant renaître toutes les illusions, d'un seul coup, lors de l'héritage qu'il n'attendait plus. De I-4 à I-3 on note un mouvement inversé de montée et de descente : Frédéric est introduit à l'Art industriel où il revient de façon assidue, et il est enfin invité à un premier dîner chez Arnoux (I-4), alors que I-3 nous le montrait abandonnant les cours de Droit, sombrant dans l'ennui et le désœuvrement, oubliant les Dambreuse, commençant même d'oublier Mme Arnoux : « L'espoir d'une invitation chez les Dambreuse l'avait quitté ; sa grande passion pour Mme Arnoux commençait à s'éteindre [59]. »

Les deux derniers blocs sont plus complexes, puisqu'ils comportent chacun quatre chapitres opposés deux à deux, en alternance de mouvement positif et négatif. Entre II-3 et II-4, d'un côté, entre III-3 et III-4 d'autre part, même déroulement de l'espoir à la défaite, sur des tableaux respectivement différents. En II-3 on assiste à la visite de Marie Arnoux à Frédéric, visite qui le transporte et l'entraîne à nouveau vers les rêves les plus chimériques, rapidement suivis de la défaite à Creil ; en II-4, même mouvement : il

59. *Œuvres*, t. II, p. 58.

voit d'abord toutes ses chances grandir du côté de Rosanette, mais la fin du chapitre nous le montre se battant en duel avec Cisy, fâché avec les Dambreuse, subissant des pertes en bourse, et retournant enfin à Nogent, vaguement convaincu qu'il vaut peut-être mieux, après tout, épouser Louise Roque et faire une fin. De III-3 à III-4, le même patron se reproduit : tout reprend avec Marie Arnoux, et ils s'étreignent dans ce long baiser brusquement interrompu par l'arrivée de Rosanette, qui anéantit une fois de plus le rêve ; en III-4, c'est du côté de Mme Dambreuse que les choses s'arrangeaient, mais soudain, s'abat encore une fois l'avalanche des revers : la veuve Dambreuse, qu'il a accepté d'épouser, est « ruinée » ; l'enfant de Rosanette vient au monde ; sa candidature politique à Nogent ne tient plus.

Le dernier bloc, enfin, II-6, III-6/II-1, III-1, offre l'image suivante :

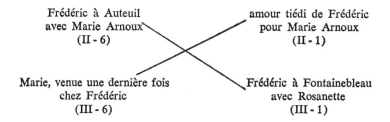

À l'idylle entre Frédéric et Marie Arnoux, à Auteuil, correspond le séjour de Frédéric et Rosanette à Fontainebleau ; et la nouvelle indifférence qu'éprouve Frédéric envers Marie, au moment où il la retrouve à Paris après l'héritage, trouve son pendant au dernier chapitre (III-6) quand il soupçonne qu'elle est peut-être venue pour s'offrir à lui, et qu'il hésite, par prudence, pensant à l'embarras que cela serait, éprouvant une certaine répulsion à cette idée.

La complémentarité des blocs repose sur trois types de construction : soit que les chapitres complémentaires montrent l'achèvement d'une action commencée entre des personnages dans le chapitre de première position *(v. g. :* I-2/I-5 ; III-2/III-5) ; ou que l'action des complémentaires soit inversée (VG : I-4/I-3) ; soit enfin un même schéma d'événements, mais joués par d'autres acteurs *(v. g. :* II-3, II-4/III-3, III-4). Cette construction en miroir traduit, semble-t-il, une organisation des événements dans l'écoulement temporel, une mise en place de *ce qui arrive* à l'intérieur de la fuite du temps, et qui contredit parfaitement l'idée selon laquelle *l'Éducation sentimentale* serait une œuvre informe, un roman non construit. C'est que l'édification joue ici à deux niveaux essentiels : celui de la succession des états et des situations dans le déroulement du temps, et dès lors on a l'impression d'une continuité incohérente, illogique, obscure ; à l'intérieur, le fond de *ce qui arrive* est disposé en recoupements, en retours, en enchaînements qui assurent au récit sa logique, qui le font tenir ensemble, plus profondément que ne le feraient les liens de surface inventés par un écrivain dominant le temps de l'extérieur.

Bien plus : ce récit fait d'épisodes en construction inversée ne rend-il pas de façon idéale un monde flou, univers de l'apparence, dans lequel tout n'est que réflexion, images renvoyées d'un réel comme absent, émietté, toujours insaisissable. La vie se joue dans le vide, sans véritable appui, sans recours au massif du matériel quotidien. Et nous voyons clairement l'exacte objectivité de la vision flaubertienne : l'angle de réflexion est strictement le même que l'angle d'incidence, toutes images par ailleurs inversées.

Ainsi *l'Éducation sentimentale* est construite selon un double principe de progression logique. D'une part le roman avance dans un déroulement plus ou moins linéaire du temps qui coule, sans qu'il y ait, entre le matin du 15 septembre 1841 et ce soir de commencement d'hiver 1868-1869 où se termine le roman, possibilité d'arrêter le cours des heures, des jours, des années, ou sans qu'un moment puisse être privilégié par rapport à d'autres. L'automne 1847 à Auteuil, le 24 février 1848 (sac des Tuileries) ou le 3 décembre 1851 n'ont pas plus d'importance que les heures et les jours anonymes où il ne se passe rien, qui ne sont pas marqués, qui ne sont pas datés. Par ailleurs, à l'intérieur de ce temps qui coule comme un fleuve, les événements des deux modulations sont disposés selon une distribution rigoureusement parallèle, obéissant à une mise en place tout à fait symétrique, et qu'on ne peut observer qu'en survolant d'un peu haut l'ensemble du roman, comme ces sites archéologiques qui transparaissent dans la moisson d'un champ sur un cliché à vol d'oiseau. La construction en forme de temps qui passe est celle qui s'observe d'abord, la disposition selon le schéma géométrique ne pouvant être décelée qu'à la faveur d'une certaine distanciation qui élague et ne conserve que l'essentiel de ce qui se produit.

Il est un autre mécanisme, habituel chez Flaubert, qui contribue à renforcer l'armature de *l'Éducation sentimentale*. Ce sont les redoublements, ou les reprises symétriques d'éléments qui servent de ponctuation ou de repères dans la progression du récit (c'est Jean Rousset qui, le premier, a parlé de ces doublets dans l'œuvre de Flaubert [60]). Voyons quelques-uns des principaux exemples de ce procédé : les deux visites de Marie Arnoux à Frédéric ; les deux sorties qu'ils font ensemble dans Paris ; les deux idylles, à Auteuil et à Fontainebleau ; sur un plan sonore, les deux musiques que joue en Frédéric la fréquentation de Rosanette et de Marie ; élément de détail infime, et jusque dans la confusion de Flaubert : les deux baisers sur le poignet, entre le gant et la manchette ; les deux rires atroces de Marie Arnoux ; et les deux trahisons de Deslauriers.

Mme Arnoux fait deux visites à Frédéric : la première, pour le prier d'intercéder auprès du banquier Dambreuse afin qu'il accepte de remettre une échéance. Elle vient à un moment où Frédéric ne pense plus à elle, découragé

---

60. « Chez Flaubert tous ces doublets superposent deux épisodes qui se réfléchissent mutuellement, mais ils renvoient aussi les uns aux autres, [...] pour se combiner avec d'autres motifs encore, composant finalement une texture ramifiée, un tissu de cellules vivant en symbiose, un réseau d'axes et de radiantes révélant une cohérence, une architecture, — faut-il dire une structure ? » (Jean Rousset, « Les réalités formelles de l'œuvre », *les Chemins actuels de la critique*, p. 64).

par un renouveau de l'attachement d'Arnoux pour sa femme, et apaisé par son projet de recherche sur la Renaissance. Elle arrive à l'improviste, et cette visite impromptue déclenchera encore une fois les « flots d'une tendresse infinie » ; la seconde visite a lieu tout à la fin du roman, de la même façon inattendue, alors qu'il est seul dans son cabinet comme la première fois. Mais c'est la nuit tombante, la fin du jour, la vieillesse venue, et il aura un sursaut en voyant ses cheveux blancs. Elle était d'abord venue le prier de leur rendre un service ; elle vient maintenant lui rendre une somme prêtée ; elle avait examiné les bibelots, les meubles, comme elle le fait ici, « avidement, pour les emporter dans sa mémoire [61] » ; elle lui avait demandé de voir son jardin : « Elle voulut voir son jardinet ; il lui offrit le bras pour lui montrer ses domaines, trente pieds de terrain enclos par des maisons, ornés d'arbustes dans les angles et d'une plate-bande au milieu. On était aux premiers jours d'avril [...] [62]. » Cette fois encore, elle lui demande de faire une promenade : « Elle avoua qu'elle désirait faire un tour à son bras, dans les rues [63]. » Nous ne sommes plus dans le jardin entouré de hauts murs : il n'y a plus rien à dissimuler (ni à soi-même ni aux autres), et comme pour une ultime revanche sur le sort, sur son éternel refus, elle peut bien affirmer à son bras, dans la rue, l'amour désamorcé, l'amour de jadis. À la première visite, Frédéric lui avait offert une rose, « la seule du jardin » ; maintenant c'est elle qui lui donne une longue mèche de ses cheveux blancs. Mais tout est bien fini : « [...] par prudence et pour ne pas dégrader son idéal », il ne l'embrasse même pas, il la voit monter dans un fiacre, la voiture disparaît. « Et ce fut tout. » La « caresse de sa présence » qui se prolongeait encore après sa première venue chez lui ne dure pas cette fois, il n'y a plus d'illusion.

La dernière visite se poursuit en une promenade dans les rues de Paris. Il y a en fait deux sorties dans la rue, où Frédéric donne le bras à Mme Arnoux. Une

61. *Œuvres*, t. II, p. 450.
62. *Ibid.*, p. 218.
63. *Ibid.*, p. 450.

première fois, au début du roman, fin novembre 1842, où il ose lui offrir de l'accompagner dans une course qu'elle doit faire. Ils sortent vers cinq heures, dans le froid et le brouillard, comme isolés de la foule, et elle est encore protégée par le vêtement ouaté qui la recouvre. Fin mars 1867, c'est aussi la nuit tombante, l'alternance de la lueur des boutiques et de l'ombre du soir, et ils sont aussi perdus, aussi seuls « au milieu des voitures, de la foule et du bruit », alors qu'ils vont « sans rien entendre, comme ceux qui marchent ensemble dans la campagne, sur un lit de feuilles mortes [64] ». La première sortie s'était achevée brusquement : « Il se donna jusqu'à la rue de Richelieu pour déclarer son amour. Mais, presque aussitôt, devant un magasin de porcelaine, elle s'arrêta net, en lui disant : « Nous y sommes, je vous remercie ! À jeudi, n'est-ce pas, comme d'habitude [65] ! » Alors que cette déclaration renvoie — encore une fois — au futur, et que l'invitation pour le jeudi, comme d'habitude, augmente l'espoir pour l'avenir, la dernière promenade est celle du passé, de l'amour qui n'a pas eu lieu (et qui est néanmoins raconté, en souvenirs échangés) ; et elle s'achève, tout comme le roman, en une sorte d'apologie du non-réalisé : « Elle soupira ; et, après un long silence : — N'importe, nous nous serons bien aimés. — Sans nous appartenir, pourtant ! — Cela vaut peut-être mieux, reprit-elle [66]. » Le présent est ce qui n'arrive jamais : du futur de la première promenade nous remontons au passé de la dernière ; entre les deux : le mouvement, toujours recommencé, du rêve à la désillusion, de l'illusion à la triste réalité.

Au cours du roman, Frédéric vit deux périodes heureuses à la campagne, avec deux femmes : la première au cours de l'automne 1847, alors qu'il rejoint Marie Arnoux à Auteuil, tous les jours ; la seconde en juin 1848, quand il passe avec Rosanette quelques jours à Fontainebleau. Dans ces deux idylles hors de Paris, Frédéric voit d'abord une vengeance sur Arnoux : « Arnoux faisait de longs déjeuners au Palais-Royal, avec Regimbart et l'ami Compain. Aucun

64. *Œuvres*, t. II, p. 450.
65. *Ibid.*, p. 99.
66. *Ibid.*, p. 451.

fâcheux ne pouvait les surprendre [67] » ; le départ à Fontainebleau marque précisément le choix que Frédéric exige de
Rosanette : « [...] elle devait opter entre lui et Arnoux. Elle
répondit avec douceur qu'elle ne comprenait goutte à des
« ragots pareils », n'aimait pas Arnoux, n'y tenait aucune-
ment [68]. »

C'est au cours de cet automne à Auteuil
que Marie Arnoux lui racontera des détails de sa jeunesse à
Chartres, de même qu'à Fontainebleau Rosanette, « En plusieurs fois, sans le vouloir », lui fera le récit de son enfance.
Frédéric et Marie vont souvent s'asseoir dans un pavillon à
l'odeur de moisi, avec une glace tachée de points noirs, et des
rayons de soleil qui traversent une jalousie en traçant des
bandes lumineuses : « Quelquefois, les rayons du soleil, traver-
sant la jalousie, tendaient depuis le plafond jusque sur les
dalles comme les cordes d'une lyre, des brins de poussière
tourbillonnaient dans ces barres lumineuses. Elle s'amusait à
les fendre, avec sa main [69]. » De même Frédéric et Rosanette
visitent le château aux meubles recouverts de housses poussié-
reuses, et l' « exhalaison des siècles » est comme un « parfum
de momie » ; même idée de la décomposition des choses, même
odeur, celle de l' « éternelle misère de tout [70] ». Comme le
pavillon n'est meublé que d'un canapé de toile grise, ainsi
Frédéric et Rosanette sont promenés dans un vieux landau,
« bas comme un sofa et couvert d'une toile à raies détein-
tes ». De la même façon, également, des rayons de soleil
traversent les fourrés « comme des flèches [71] ».

Les deux conversations sont entrecoupées
de longs silences, à Auteuil et à Fontainebleau : « Bientôt il y
eut dans leurs dialogues de grands intervalles de silence [72] » ;
« Quand la voiture s'arrêtait, il se faisait un silence universel [...]. Le sérieux de la forêt les gagnait ; et ils avaient des
heures de silence où, se laissant aller au bercement des res-

67. Œuvres, t. II, p. 302.
68. Ibid., p. 351.
69. Ibid., p. 303.
70. Ibid., p. 353.
71. Ibid., p. 355.
72. Ibid., p. 304.

sorts, ils demeuraient comme engourdis dans une ivresse tranquille [73]. » Mais à la béatitude d'Auteuil, qui s'appuie toute sur l'éventuel, sur les possibilités, sur l'avenir, s'opposent la querelle et le départ de Frédéric qui abandonne Rosanette. Chez Marie Arnoux, « [...] l'assurance de son amour le délectait comme un avant-goût de la possession, et puis le charme de sa personne lui troublait le cœur plus que les sens. C'était une béatitude indéfinie, un tel enivrement qu'il en oubliait jusqu'à la possibilité d'un bonheur absolu [74] ». Avec Rosanette, de même : « [...] il ne doutait pas qu'il fût heureux pour jusqu'à la fin de ses jours, tant son bonheur lui semblait naturel, inhérent à sa vie et à la personne de cette femme [75] ». Ce qui ne l'empêche toutefois pas de la quitter pour revenir à Paris, malgré les difficultés, au chevet de Dussardier dont il a vu le nom sur une liste de blessés.

On remarque comment le second élément du doublet vient encore ici détruire le premier, comme un épilogue ou un complément parodique répondant à l'espoir suggéré par le premier élément : malgré la conviction où est Frédéric de toucher enfin le bonheur parfait, on voit assez cette seconde idylle comme un rappel dégradé de la première, comme une empreinte creuse du grand amour.

Un doublet, très bref, et « sonore », rapproche encore une fois Marie Arnoux et Rosanette. Il se situe au début de la deuxième partie, au moment où Frédéric ne doute plus que la Maréchale lui accorde ses faveurs, en même temps qu'il est « [...] ressaisi par un amour plus fort que jamais, immense [76] » pour Marie :

« La fréquentation de ces deux femmes faisait comme deux musiques : l'une folâtre, emportée, divertissante, l'autre grave et presque religieuse ; et, vibrant à la fois, elles augmentaient toujours, et peu à peu se mêlaient ; — car, si Mme Arnoux venait à l'effleurer du doigt seulement, l'image de l'autre, tout de suite, se présentait à son désir, parce qu'il avait, de ce

73. Œuvres, t. II, p. 355, 357.
74. Ibid., p. 304.
75. Ibid., p. 358.
76. Ibid., p. 165.

côté-là, une chance moins lointaine ; — et, dans la compagnie de Rosanette, quand il lui arrivait d'avoir le cœur ému, il se rappelait immédiatement son grand amour [77]. »

Ces deux musiques finissent par n'en faire bientôt qu'une : en ces deux femmes, Frédéric trouve des compléments nécessaires, l'une portant la promesse de la possession physique, l'autre incarnant le sentiment pur, abstrait, idéalisé.

Une autre reprise, due cette fois pour une part à l'inattention de Flaubert, touche les deux femmes. Il s'agit d'une erreur minuscule et fortuite ; mais elle indique bien à quel point Marie Arnoux et Rosanette sont deux visages d'un même être rêvé. Dans la berline qui le conduit aux courses du Champ-de-Mars avec Rosanette, Frédéric, ne doutant plus de sa bonne fortune, « [...] lui tenant toujours le poignet, [...] appuya dessus ses lèvres, entre le gant et la manchette [78] ». Vingt ans plus tard, c'est Marie Arnoux qui fait allusion à ce baiser ; lors de leur dernière rencontre, Frédéric lui demandant comment elle avait découvert son amour, elle lui dit : « C'est un soir que vous m'avez baisé le poignet entre le gant et la manchette [79]. »

Nouveau redoublement, le rire atroce de Marie congédiant Deslauriers qui vient de réclamer une somme due à Frédéric, et qui en a profité pour tenter de la séduire ; et, second rire tragique, au moment où Rosanette vient de surprendre Frédéric la tenant embrassée. D'abord quand Deslauriers lui baise la main « voracement », et qu'il lui dit : « Écoutez-moi ! Je vous aime ! », « Elle partit d'un éclat de rire, un rire aigu, désespérant, atroce [80]. » Et, en écho sinistre à ce rire douloureux, éclate le second, dans l'escalier où Rosanette entraîne Frédéric qu'elle lui a enlevé : « Elle se pencha sur la rampe pour les voir encore ; et un rire aigu, déchirant, tomba sur eux, du haut de l'escalier [81]. »

Autre exemple de ces reprises, les deux trahisons de Deslauriers, auprès de Marie Arnoux et de Louise Roque. Cette double déloyauté est annoncée à Frédéric, la première fois alors qu'il est précisément auprès de Louise Roque à Nogent, la seconde au moment où il est revenu à Paris. Et chaque fois, c'est une lettre de son ami qui l'amène, de façon indirecte, à se poser des questions. Nous venons de citer le passage où Deslauriers, persuadé que Marie Arnoux est la maîtresse de Frédéric, ne doute pas qu'elle lui accorde aussi ses faveurs. On sait comment se termine la scène. Immédiatement, Deslauriers écrit à Frédéric pour lui raconter le résultat de sa démarche auprès de Mme Arnoux à propos de la subrogation :

« La troisième lettre, venant de Deslauriers, parlait de la subrogation et était longue, obscure. L'avocat n'avait pris encore aucun parti. Il l'engageait à ne pas se déranger : « C'est inutile que tu reviennes ! » appuyant même là-dessus avec une insistance bizarre. Frédéric se perdit en conjectures, et il eut envie de s'en retourner là-bas [82]. »

Deslauriers, peut-être pour justifier son audace, annonce à Marie le mariage imminent de Frédéric avec Louise Roque, tout comme il apprendra à celle-ci que son ami aime quelqu'un, qu'il a un enfant et qu'il entretient une « créature ». Cette seconde trahison transparaît dans une autre lettre où Deslauriers, de Nogent, indique à Frédéric qu'il est désormais inutile de revenir mousser sa candidature politique, que c'est trop tard. Frédéric pense alors : « [...] que faisait son ami, là-bas ? » Dans les deux lettres donc, Deslauriers précise qu'il est préférable qu'il ne vienne pas — d'abord à Paris, puis à Nogent. Et au bilan de la fin, où tout est repris, Deslauriers ne dit pas comment il a épousé Louise Roque, et s'il avoue à Frédéric qu'il est allé du côté de Rosanette (« Comme tu me l'avais permis, du reste »), il passe sous silence sa tentative auprès de Marie Arnoux.

Deux autres reprises, enfin, contribuent à cimenter le récit : le bal masqué chez Rosanette et le souper

82. *Œuvres*, t. II, p. 284-285.

délirant qui termine cette nuit ; et le bal chez les Dambreuse, suivi du souper intime qui réunit quelques élus. De l'un à l'autre événement, même distanciation parodique que celle dont il a été question plus haut dans ce chapitre ; dans le déroulement et le niveau des deux réunions d'abord, mais également dans le costume des invités de chaque maison : variété et fantaisie chez Rosanette, uniformité relative et bon ton chez les Dambreuse. Curieusement, l'atmosphère de maison close internationale dans le premier cas (spécialités cosmopolites) se retrouve de façon troublante chez les seconds : femmes en grand décolleté, assises en cercle, qui suggèrent à Flaubert l'image d'un intérieur de harem : « En effet, toutes sortes de beautés se trouvaient là : des Anglaises à profil de keepsake, une Italienne dont les yeux noirs fulguraient comme un Vésuve, trois sœurs habillées de bleu, trois Normandes, fraîches comme des pommiers d'avril, une grande rousse avec une parure d'améthyste... [83]. »

Il y a en outre ces objets qu'on retrouve dans divers décors, selon un cheminement qui les use chaque fois un peu davantage, entre leur place initiale (chez Arnoux), leur passage chez Rosanette (le coffret d'argent, le grand lustre en Saxe), pour être rassemblés une dernière fois dans la débâcle de la vente publique, et de là partir à la dispersion, à la dérive, comme un rêve éclaté en miettes, en fragments éparpillés.

Ce sont d'abord « deux bahuts, chargés de porcelaines, de bronzes, de curiosités alléchantes [84] » ; puis le lustre en vieux Saxe, qui passera chez Rosanette, où Frédéric le voit en arrivant au bal masqué : « Gare au lustre ! » Frédéric leva les yeux : c'était le lustre en vieux Saxe qui ornait la boutique de l'Art industriel ; le souvenir des anciens jours passa dans sa mémoire [85]. » Puis, marquant encore davantage la fusion des deux images dans l'esprit de Frédéric, les deux bahuts sont séparés :

« Un des bahuts que l'on voyait autrefois boulevard Montmartre ornait à présent la salle à manger de Rosanette, l'autre, le

83. Œuvres, t. II, p. 191.
84. Ibid., p. 52.
85. Ibid., p. 146.

salon de Mme Arnoux. Dans les deux maisons les services de table étaient pareils, et l'on retrouvait jusqu'à la même calotte de velours traînant sur les bergères ; puis, une foule de petits cadeaux, des écrans, des boîtes, des éventails, allaient et venaient de chez la maîtresse chez l'épouse, car, sans la moindre gêne, Arnoux, souvent, reprenait à l'une ce qu'il avait donné, pour l'offrir à l'autre [86]. »

Il en sera de même pour le coffret toujours fermé, vu d'abord au premier dîner de la rue de Choiseul, et que Frédéric retrouve chez Rosanette. Revenu une dernière fois chez Arnoux, le coffret sera finalement mis en vente, avec l'autre bahut, et tous les meubles : « Il reconnut immédiatement les deux étagères de l'Art industriel, sa table à ouvrage, tous ses meubles ! Entassés au fond, par rang de taille, ils formaient un large talus depuis le plancher jusqu'aux fenêtres [87]. » Dernier rempart avant la défaite, fragile entassement dont la désagrégation, nous l'avons déjà dit, marque pour Frédéric la fin des illusions, la véritable fin de l'espoir. Ces retours d'objets contribuent à tisser la structure du roman, car ils constituent des patrons, des réseaux organiques [88].

Il est un dernier mécanisme dont le jeu et la position augmentent encore la solidité de l'imbrication assurée par la première modulation du roman. Il s'agit du mouvement d'entrelacs des allers et retours du sentiment en Frédéric, ces intermittences du cœur qui le poussent à courtiser Rosanette, Louise Roque et Mme Dambreuse, en désespoir de cause, alors que *l'autre* demeure toujours présente à sa

---

86. *Œuvres*, t. II, p. 176.
87. *Ibid.*, p. 443.
88. Dans sa communication au colloque de Cerisy, Jean Rousset avait cette explication à propos des jeux de redoublement chez Flaubert : « Ces motifs structurels [...] attestent un penchant flaubertien pour la répétition, pour la monotonie des redites et des duplications, plus précisément pour une répétition descendante ; une vie est une litanie accablée, une suite de reprises, un ressassage, où le retour au point antérieurement parcouru ramène, un degré plus bas, en position dégradée et parodique.[...] Replacée dans sa continuité, la répétition flaubertienne, qui traduit une perte de substance des personnages, se ressent esthétiquement comme un renforcement, un accroissement de densité » (« Les réalités formelles de l'œuvre », *les Chemins actuels de la critique*, p. 64-65).

pensée, à la façon de la partition de basse continue dans certaines pages musicales anciennes.

Dans cette perspective, l'ensemble de l'*Éducation* nous offre trois temps, trois étapes dans la vie sentimentale de Frédéric Moreau : une première époque qui va du coup de foudre, aux premières pages, jusqu'au bal masqué chez Rosanette (II-1), et pendant laquelle Frédéric va d'espoirs en incertitudes, où il se morfond en adoration silencieuse et en décisions de ne plus jamais la revoir, dès le moindre signe d'indifférence ou d'inattention de la part de Marie Arnoux : « J'étais bien bon là-bas avec mes douleurs ! À peine si elle m'a reconnu ! quelle bourgeoise ! » ; « Il descendit la rue de Bréda comme une pierre qui déroule, furieux contre Arnoux, se faisant le serment de ne plus le revoir, ni elle non plus, navré, désolé » ; « Il voulait être fort, et allégea son cœur en dénigrant Mme Arnoux par des épithètes injurieuses : « C'est une imbécile, une dinde, une brute, n'y pensons plus ! » ; « Il se jura de n'avoir plus même un désir ; et, comme un feuillage emporté par un ouragan, son amour disparut [89]. »

S'efforcer de l'oublier, c'est encore y penser, et sitôt ces premiers mouvements exprimés, Frédéric en revient toujours à elle : « [...] malgré l'espèce de rancune qu'il lui gardait, il eut envie de revoir Mme Arnoux. [...] Il fut ressaisi par un amour plus fort que jamais, immense [90] » ; quand il remonte dans son cabinet, après la visite inattendue qu'elle lui a faite, alors qu'ils ne s'étaient pas revus depuis quelques semaines : « Elle est donc venue là ! » se disait-il. Et les flots d'une tendresse infinie le submergeaient [91] » ; de même lorsqu'il constate qu'elle l'a vu aux courses avec Rosanette, il en est bouleversé, « [...] sentant qu'une chose irréparable venait de se faire et qu'il avait perdu son grand amour [92] ». Toute cette première étape ne présente qu'un seul jeu d'alternances de l'attachement à l'oubli.

89. *Œuvres,* t. II, p. 140, 216, 232, 314.
90. *Ibid.,* p. 165.
91. *Ibid.,* p. 219.
92. *Ibid.,* p. 228.

C'est avec la seconde partie du roman que s'ouvre une nouvelle phase dans le mouvement des attachements de Frédéric, et ces mouvements du cœur ont lieu désormais entre trois femmes, et de façon très définie. Une troisième étape s'ouvre ensuite, sorte de sommet des bonnes fortunes où Frédéric est au mieux avec Rosanette et Mme Dambreuse ; mais très rapidement c'est la triple débâcle sentimentale, alors qu'il quitte coup sur coup Rosanette et la veuve du banquier, et revenu à Nogent pour épouser enfin Louise Roque, il la voit épousant Deslauriers. Marie Arnoux est effectivement absente de ces deux dernières étapes, tout en y étant profondément, au-delà des revirements, des retours, car : « Est-ce qu'elle ne faisait pas comme la substance de son cœur, le fond même de sa vie [93] ? »

C'est sans doute la seconde de ces phases qui constitue l'ensemble le plus intéressant pour l'analyse, car elle comporte deux séries d'alternances à disposition géométrique parfaite qui se trouvent à former un lien profond entre la deuxième et la troisième partie du roman. Voici comment se présente le schéma de ces réversibilités :

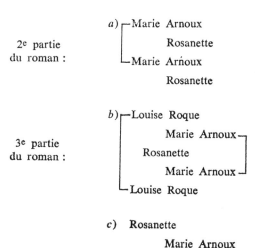

93. *Œuvres*, t. II, p. 434.

Si l'on désigne chacune des trois femmes par un chiffre (Marie Arnoux : 1, Rosanette : 2, Louise Roque : 3), nous assistons au développement du patron suivant pour la seconde phase des mouvements du cœur de Frédéric : a) 1-2, 1-2 ; b) 3-1-2-1-3 ; c) 2-1.

Il faut d'abord noter que l'on passe de l'une à l'autre selon un rythme qui est toujours le même : Frédéric croit voir ses chances augmenter auprès de Louise Roque, par exemple, et peu après, il obéit à une inspiration soudaine au moment où tout semble s'écrouler, ou bien il rencontre par hasard une autre des trois femmes, et le même manège se répète, selon un constant mouvement de plus et moins, positif et négatif. Voyons ainsi la série b qui assure le trait d'union entre les parties II et III du roman.

Le schéma d'organisation est le suivant : 3-1-2-1-3. Au chapitre 4 de la deuxième partie, Frédéric est retourné à Nogent, pressé par une lettre de sa mère qui lui parle de nouveau de la fortune du père Roque et de la possibilité d'épouser Louise. Frédéric passera bientôt pour le « futur » de Louise Roque. Lors de la fameuse promenade dans le jardin du bout de l'île, alors qu'il la voit prête à se donner à lui, « [...] devant cette vierge qui s'offrait, une peur l'avait saisi. Il l'aida ensuite à faire quelques pas, doucement[94] ». C'est elle qui a fait les avances ; elle lui demande même s'il veut être son mari. Frédéric se dérobe, et il rentre à Paris sous un prétexte quelconque. C'est là qu'il retrouve Marie Arnoux, lui démentant le projet de mariage entre Louise Roque et lui, se faisant pardonner d'avoir été aux courses avec Rosanette, et passant tout l'automne à la visiter à Auteuil. L'hiver venu, quand Marie Arnoux rentre à Paris, c'est l'épisode du rendez-vous de la rue Tronchet où Frédéric espère l'amener à la chambre meublée qu'il a préparée dans ce but. Elle ne vient pas au rendez-vous (il ne connaîtra que plus tard la cause de cette défection), « [...] et, comme un feuillage emporté par un ouragan, son amour disparut[95] ». C'est Rosa-

---

94. *Œuvres*, t. II, p. 284.
95. *Ibid.*, p. 314.

nette qu'il recevra plutôt dans cette chambre, pour le commencement de leur liaison, et c'est au cours de cette première nuit que s'opère la transition entre les parties II et III du roman.

Un mois après, le séjour à Fontainebleau s'achève brusquement quand Frédéric abandonne Rosanette pour revenir à Paris. Au dîner Dambreuse, il revoit Marie : « Il eut comme un vertige, [...] et le vieil amour se réveilla [96]. » Ils sont voisins de table ; elle ne répond que par la froideur aux protestations d'amour de Frédéric : « Cependant, vous savez que je vous aime ! Mme Arnoux ne répondit pas. — Vous savez que je vous aime. Elle se taisait toujours. « Eh bien,va te promener ! » se dit Frédéric [97]. » À cet instant précis, il lève les yeux et aperçoit, à l'autre bout de la table, Louise Roque qui l'observe. Ils sortent ensemble du dîner et elle lui recommande de venir le lendemain la demander en mariage ; il se dérobe encore une fois et quand, dans la nuit, elle vient chez lui, elle ne trouve personne : il est chez Rosanette. Ce retour marque la fin de la série b de la seconde phase, avec le dernier mouvement, de Rosanette à Marie Arnoux (2-1), alors qu'après quelques jours de bonheur avec la Maréchale, Frédéric retourne chez Marie, qu'ils s'étreignent dans ce long baiser aussitôt interrompu par l'arrivée de Rosanette qui les surprend, et cet épisode se clôt sur le rire aigu, déchirant, qui tombe du haut de l'escalier quand la Maréchale entraîne Frédéric.

La troisième phase est celle des succès, et l'alternance — toujours positive — n'est ici qu'entre Rosanette et Mme Dambreuse, la séquence se découpant de la façon suivante : 2-4-2-4-2-4 (le chiffre 2 représentant toujours Rosanette, le 4 Mme Dambreuse). C'est l'époque où Frédéric vit de plus en plus chez Rosanette, malgré ses « défectuosités », et le moment où il commence à penser qu' « Une maîtresse comme Mme Dambreuse le poserait [98] ». Il passe du boudoir de la femme du banquier chez Rosanette, l'attirant sur ses

96. Œuvres, t. II, p. 372.
97. Ibid., p. 373.
98. Ibid., p. 394.

genoux ; et il se dit alors : « Quelle canaille je fais ! » en
s'applaudissant de sa perversité [99]. » L'idée que Mme Dambreuse
ait cédé « par ennui, surtout », et par un caprice de femme
riche et adulée ne l'effleure même pas. Et puis, malgré tout,
« Elle voulait un grand amour, elle se mit à le combler d'adu-
lations et de caresses [100] ». Par ailleurs la naissance de l'enfant
de Rosanette l'émeut au point qu'il passe plusieurs jours à la
clinique auprès d'elle. Il doit bientôt mentir pour expliquer
ses absences :

« [...] ces mensonges le divertirent ; il répétait à l'une le serment
qu'il venait de faire à l'autre, leur envoyant deux bouquets
semblables, leur écrivant en même temps, puis établissant entre
elles des comparaisons ; [...] et plus il avait trompé n'importe
laquelle des deux, plus elle l'aimait, comme si leurs amours
se fussent échauffés réciproquement et que, dans une sorte
d'émulation, chacune eût voulu lui faire oublier l'autre [101]. »

Rapidement les situations se détériorent :
Frédéric, persuadé que c'est Rosanette qui a fait saisir le
mobilier d'Arnoux la quitte en lui lançant qu'il n'a jamais
aimé que l'autre. Et quelques jours après, à la vente aux
enchères, alors que Mme Dambreuse s'entête à acquérir le
coffret d'argent, il la quitte également et rentre chez lui,
« perdu dans les décombres de ses rêves, malade, plein de
douleur et de découragement [102] ». Partant à Nogent le matin
du 4 décembre, l'image de Louise Roque surgit brusquement
en lui, et il songe à la possibilité de cet amour ; sur la place
de l'église, il voit un cortège de noce : c'est elle, au bras de
Deslauriers. La débâcle est complète, tous les rêves se sont
abîmés, et « Honteux, vaincu, écrasé, il retourna vers le chemin de fer, et s'en revint à Paris [103] ».

On sait le reproche quasi unanime que
la critique adressa à Flaubert lors de la parution de

99. *Œuvres,* t. II, p. 401.
100. *Ibid.,* p. 403.
101. *Ibid.,* p. 418-419.
102. *Ibid.,* p. 446.
103. *Ibid.,* p. 448.

l'*Éducation sentimentale* : manque de composition, tableaux sans suite, personnages et scènes défilant comme au hasard, absence de point décisif. Le tour de force de Flaubert c'est d'avoir fait avec l'*Éducation sentimentale* un roman dont l'architecture n'est presque pas apparente, une histoire sans presque d'histoire, dans laquelle le thème du néant et de l'échec de tout se développe de façon étale, sans heurts, sans à-coups, où tout est rogné par l'usure du temps. Mais cette érosion n'agit pas au hasard : les groupes d'événements, les rencontres, les absences, les retours s'inscrivent clairement à l'intérieur d'une grille organisatrice, et sont distribués selon une série de patrons dont nous venons d'étudier les principaux. Ces éléments de structure contribuent au plus haut point à assurer l'unité et la solidité de l'ensemble, de même que la grisaille et la monotonie dans laquelle baigne tout le roman. L'*Éducation sentimentale* est une œuvre architecturée sur ce qui se désarticule, une histoire construite sur la démolition et la ruine de tout espoir, de toute tentative pour accéder à une certitude, au bonheur, à un ordre humain plus harmonieux.

Conclusion

Flaubert et la désécriture

« L'ineptie consiste à vouloir conclure », a si justement écrit Flaubert, dans une lettre de 1850. Et sitôt refermée *l'Éducation sentimentale,* tout se taît, plus rien ne prétend subsister du commentaire patiemment élaboré, de la tentative pour éclairer du dedans le projet de Flaubert, pour mettre en lumière la forme qui donne à l'œuvre sa dimension unique, qui en constitue le sens.

Cette signification profonde échappe à toute prise, à tout effort d'appropriation. Dès que l'on quitte le roman, dès qu'on s'éloigne de l'œuvre en croyant tenir son secret, ce mystère nous échappe, insaisissable presque autant qu'au premier jour. On n'en finit jamais de commencer à pénétrer au cœur du récit. Il n'y a que le retour au texte, aux phrases, aux mots, qui puisse vraiment rassasier cette faim de l'œuvre.

L'Éducation sentimentale nous a d'abord révélé une épaisseur d'objets et de matières, de textures, en relation presque vivante avec les personnages, et qui parlent autant, doués d'une présence, d'une force d'existence tranquille, rassurante. Ces repères constituent des témoins de la réalité, vers lesquels on se tourne comme vers des refuges, des jalons dans le doute, l'incertitude. Rien n'est sûr ; tout se défait ; il reste les choses, leur statisme, leur contour, leur solidité. La matière offre une résistance à ce qui passe, elle est une preuve de durabilité. Une bague, un gant, un mouchoir, une robe, les livres à la devanture d'un libraire, les numéros au-dessus des portes, le grain du papier-journal, cela existe sûrement, *cela est,* devant les sentiments qui se nouent et se défont, devant l'inquiétude de vivre, l'inquiétude d'aimer, l'inquiétude que *cela passe.* Et la révolution est bien plus dans quelques pavés au milieu de la rue, des rouleaux de fil de fer, le trône de Louis-Philippe lancé d'une fenêtre des Tuileries, le cadavre d'un insurgé qui tombe sur vous, sa main sur laquelle vous marchez, le bruit d'une fusillade, que dans les revendications sociales et les bouleversements politiques.

Ce qu'on a cru durable, dans l'écroulement des rêves, des ambitions, porte sa propre destruction à laquelle on s'efforce de parer en accumulant les objets, les sensations, en collectionnant. Et l'accumulation même finit par étouffer le sentiment qui croyait se nourrir de l'amoncellement, de la multiplication des signes. Le besoin de se repaître relève plus d'une inquiétude fondamentale que d'une faim véritable. Du reste, ces objets n'ont pas la valeur absolue qu'on leur attribuait dans le désarroi et l'incertitude. La dispersion des vêtements et du mobilier de Marie Arnoux le montre bien. Les choses retournent au néant, comme les êtres, les images, les sensations. Tout passe, même ce qu'on a cru devoir durer. C'est l' « éternelle misère de tout ».

La chute au néant, thème central de *l'Éducation,* c'est la propre crainte de Flaubert devant l'inconnu de la vie. On le voit toujours accablé, sidéré devant la mort (mort de son père, de Caroline, de Louis Bouilhet, de sa mère). Son profond pessimisme vient également de l'écart irrémédiable qui se creuse sans cesse entre les rêves et la réalité, de l'inanité de tout, de toute tentative pour atteindre le bonheur. Et le spectacle de ses contemporains le consterne : le « progrès », la démocratie, lui font prévoir des décadences vertigineuses. Et puis le sentiment d'échec de toute sa vie, alimenté par une mélancolie presque constante, est d'une importance capitale quand on tente de comprendre la destinée des personnages de *l'Éducation sentimentale* et les modulations du thème qui s'y développent. On voit assez que la recherche de l'amour ne devait pas connaître de succès, et l'histoire de son époque ne pouvait pas inspirer à Flaubert la peinture d'un monde idéal.

Plus profondément, ces modulations se présentent comme une suite d'apparences d'événements. Rien n'arrive vraiment, on est constamment à la frange des gestes, des circonstances. Et tout le monde est finalement trompé : le peuple voit la République escamotée en décembre 1851, Frédéric Moreau voit son éducation achevée au moment où il constate qu'il a manqué son existence. Ces modulations sont en quelque sorte des variations sur le manque de sens, l'absence de contenu qui fait illusion et les illusions de tout un monde qui rêve la vie. Derrière ce « plein » des épisodes, il n'y a que le vide d'une génération, d'une époque. Et Flaubert a fait de ce vide un roman plein, par la seule densité de l'écriture.

Le récit progresse, coule du même mouvement qui entraîne personnages et événements. On éprouve au long des pages de *l'Éducation sentimentale* une sensation presque physique du temps qui passe. Comment tout passe, tel pourrait être un sous-titre à ce roman de la fuite des choses. De façon étrange, il arrive que cette progression est figée au cœur du mouvement. Le temps semble soudain « gelé », le monde est projeté dans une vastitude sans limites, un espace sans fin, en une sorte de ralentissement, d'engourdissement (les fenêtres ouvertes, les épisodes des deux modulations qui, se télescopant les unes les autres, s'anéantissent). Le flot continu du temps révèle une suspension profonde, l'agitation n'était qu'une apparence, à la surface de la vie.

L'emploi des temps verbaux si particulier à Flaubert, cet imparfait de ce qui se passe, qui est également celui du rêve, produit cette « vibration accoutumée », ce tremblement diffus qui est le seul véritable temps de *l'Éducation*. Et le présent éternel, qui sert à exprimer une permanence illusoire. C'est l'écriture même qui paralyse le récit, en niant sa poussée en avant. Cette lourdeur d'un style solidifé, absolu, fixe à jamais le fil du temps, la brève échéance qu'est la vie, la naissance et la fin des illusions.

Ce creux de la durée, ce vide, cette absence d'événements, Flaubert en construit pourtant une œuvre à l'architecture très nette, aux lignes géométriques d'une régularité étonnante. Cette ordonnance part du projet initial, des premières phrases de l'ébauche. Le parallélisme des modulations constitue déjà un élément important de la mise en forme de l'Éducation sentimentale. Et les couples d'événements, les procédés de double encadrement, les doublets, les retours d'objets présentent chaque fois deux aspects, positif et négatif, d'un même noyau de réalité : l'espoir insensé du coup de foudre du début et les projets mirobolants de Frédéric et Deslauriers trouvent leur contrepartie dans la dernière visite de Marie Arnoux et le bilan final ; chaque épisode où l'on croit en une réalisation possible trouve sa négation en position strictement inverse, dans le bloc répondant.

Cette construction en miroir coïncide de la façon la plus exacte avec le projet de Flaubert de montrer le jeu des apparences, du rêve, des illusions. Ce qu'on a pris pour la réalité s'évanouit en un reflet insaisissable, disparaît au fond de sa propre réflexion dans l'image insondable de la glace. Construction exemplaire d'un roman absolument paradoxal, rempli d'objets et de matières qui s'avèrent n'être que des reflets et sont constamment escamotés ; sur le thème du néant, mais consistant, nourri de deux modulations d'événements qui se révèlent au bout du compte des mirages ; roman de la coulée du temps, mais parfaitement immobile, paralysé ; roman sur l'informe de la destinée, sur l'absence de signification, mais étonnamment construit, structuré, et donc débordant de sens, presque forme absolue.

L'obsession du néant révélée par la passion de la matière et des objets, incarnée dans les thèmes d'échec et de défaite, montrée dans des personnages ternes, médiocres, autant de « plumes arrachées à un oiseau vivant ». La mise au jour d'une géométrie structurante de l'Éducation *sentimentale,* l'étude des rythmes et des temps de sa progression, rien de tout cela n'est vraiment le roman de Flaubert. Ce ne sont que quelques approches, des tentatives pour lire un roman de façon un peu plus fidèle, c'est-à-dire subjective. Toute grande œuvre a une forme inépuisable, et celle-ci plus que d'autres, puisqu'il s'agit d'un roman par transparence, du livre de Flaubert où le prétexte est le plus mince, peut-être, le plus ténu.

Ainsi, il est certain que Flaubert ne cherche pas à « mieux dire » ; et quand, au cœur de *l'Éducation,* il glisse cette petite phrase, presque invisible : « [...] il est difficile d'exprimer exactement quoi que ce soit [1] », il veut signifier sans aucun doute : il est difficile d'exprimer. Il est difficile de dire. Et au fond, si c'était précisément à ne rien dire que visait Flaubert ? mais en phrases absolues, en « natures de phrases » ? Nous serions très loin, alors, d'une réalité enfouie sous les strates du langage, que le romancier se serait donné pour tâche de manifester par l'écriture. *L'Éducation sentimentale* ne veut pas traduire une réalité, elle tend justement à se situer dans l'absence de réel, œuvre inexistante, qui s'efface à mesure, œuvre désécrite. Qu'il soit difficile d'écrire en niant son propre mouvement, voilà la véritable cause des affres du style dont Flaubert s'est amèrement plaint toute sa vie. « Je voudrais faire des livres où il n'y eût qu'à *écrire* des phrases (si l'on peut dire cela), comme pour vivre il n'y a qu'à respirer de l'air [2]. »

La paralysie des événements, de la passion, le mouvement arrêté, Flaubert les transpose en phrases figées, dont la densité est plus grande encore que celle du réel, en même temps qu'il s'empêche de dire, de raconter ce qu'il voudrait. Il affirme s'intéresser à ce qui se passe quand il ne se passe rien... Mais cela même, il le réduit, refusant de s'étendre, de le communiquer entièrement. Comme un participant l'avait fait remarquer au colloque de Cerisy en 1967, Flaubert ne raconte jamais — et surtout pas — l'histoire qu'il voudrait raconter ; de façon systématique, il tend

---

1. *Œuvres,* t. II, p. 362.
2. *Correspondance,* t. II, p. 248 (souligné par Flaubert).

à écrire ce qui est le plus à la périphérie de son histoire, et il raconte toujours l'histoire qui lui est la plus extérieure.

Avec *l'Éducation sentimentale,* Flaubert touche presque son but d'annuler toute trace d'histoire, de rejeter la littérature. S'il n'y a pas entièrement réussi, c'est qu'il croyait encore y arriver par l'écriture. Il n'est donc pas tout à fait l'anti-romancier. Mais il a le premier cherché la voie vers un roman de plus en plus nu, de plus en plus statique. Refus de l'épaisseur, de la consistance (personnages, situations, événements), rejet de toute psychologie romanesque donnée, Flaubert est le premier romancier qui écrive des romans tout en refusant de le faire et en ne le sachant pas. « Je ne suis pas du tout surpris que vous ne compreniez rien à mes angoisses littéraires ! Je n'y comprends rien moi-même. Mais elles existent pourtant, et violentes [3] », écrit-il à George Sand en 1866. *L'Éducation sentimentale* est, pourrait-on dire, le premier roman non figuratif, engendré par Flaubert à son corps défendant.

Et pourtant, c'est une œuvre animée d'une étrange « petite vibration intérieure », comme le bateau de Montereau à la première page : cette masse respire et vit, confusément, de façon imperceptible, pour donner la vision d'un univers en expansion. On a le sentiment d'une matière en train de s'évaporer, dans une tonalité diffuse, brumeuse. Il y a en Flaubert — et dans *l'Éducation* — cette pulsation fondamentale qui transparaît dans les tons bleuâtres de certains décors, des nuages, du rêve, de l'immatériel ; tonalité de tout ce qui est senti vaguement, dans une sorte de légèreté, d'immatérialité flottante. C'est l'« ennui, vaguement répandu », qui semble alanguir la marche du bateau ; c'est le coupé de Mme Dambreuse, d'où s'échappe « comme une vague senteur d'élégances féminines » ; ou bien, avec la perte d'une illusion : « Le charme des choses ambiantes se retira tout à coup. Ce qu'il y sentait confusément épandu venait de s'évanouir » ; ou au contraire, l'espoir revenant : « Quelque chose d'énorme s'épanchait, enveloppait les maisons » ; et alors, dans l'euphorie : « Comme

---

3. *Correspondance,* t. **V, p.** 252.

un architecte qui fait le plan d'un palais, il arrangea, d'avance, sa vie. Il l'emplit de délicatesses et de splendeurs ; elle montait jusqu'au ciel. » Ou bien ce sera la « pulvérulence lumineuse » dans laquelle tout s'agite, au bal chez Rosanette, comme la vapeur d'eau traversée par les rayons du soleil couchant, sous l'Arc de l'Étoile, allongeant à hauteur d'homme une « lumière roussâtre ».

À la façon de ces moments fugitifs, de certaine qualité de lumière, d'atmosphère, d'ambiance, un enchantement se fait jour au fil de cette écriture lourde, mais si admirablement lisible, transparente. Traces de ce « chaos irisé » dont parlera Cézanne, ce monde de fluidité préfigure étrangement la vision en « couleur-lumière » des impressionistes, où les formes menacent toujours de se fondre en vibrations de clarté éblouissante. Le tableau se recompose à mesure qu'on s'en éloigne, les taches lumineuses se réordonnent en cathédrale, en nymphéas, en paysage. Pourtant, l'écriture massive de Flaubert rappelle encore l'empâtement de Courbet, de certains tableaux de Cézanne où s'étale la « chair du réel ». Et toujours, au cœur de cette matière sensuelle, presque palpable, tremble comme une lumière, la palpitation de la vie même.

Quinze ans avant la fin de l'Éducation sentimentale, Flaubert écrivait à Louise Colet : « Et puis, qui sait ? peut-être trouverai-je un jour un bon motif, un air complètement dans ma voix, ni au-dessus, ni au-dessous [4]. » Et en janvier 1869, il fait part à George Sand de la même inquiétude : « Me tombera-t-il du ciel une idée en rapport avec mon tempérament ? Pourrai-je faire un livre où je me donnerai tout entier ? Il me semble, dans mes moments de vanité, que je commence à entrevoir ce que doit être un roman [5]. » Mais dès lors, l'Éducation sentimentale est faite, claire et obscure, roman construit sur l'informe, écrit contre l'écriture. La voix de Flaubert, c'est peut-être bien cette tension constante, cet équilibre extravagant entre dire et ne pas dire, entre la tentation d'écrire et la volonté de ne rien tracer que la suggestion de l'essentiel sur la page blanche.

4. *Correspondance*, t. III, p. 143 (souligné par Flaubert).
5. *Ibid.*, t. VI, p. 2.

Bibliographie

I. Œuvres de Gustave Flaubert

Œuvres, 2 vol., Paris, Gallimard, « Bibliothèque de la Pléiade », 1951 et 1952.

Correspondance, Paris, L. Conard, première série, 9 vol., 1926-1933 ; supplément, 4 vol., 1954.

Souvenirs, notes et pensées intimes, Paris, Buchet-Chastel, 1965.

II. Études sur Flaubert

ADAMOV, A. et M. ROBERT, « L'art et la vie de Gustave Flaubert », *Cahiers Renaud-Barrault,* n° 59, Paris, Gallimard, 1967, p. 66-105.

BOLLÈME, Geneviève, *la Leçon de Flaubert,* Paris, Julliard, « Les Lettres nouvelles », 1964, 227 p.

BROMBERT, Victor, *The Novels of Flaubert : A Study of Themes and Techniques,* Princeton, Princeton University Press, 1966, 301 p.

CARLUT, Charles, *la Correspondance de Flaubert. Étude et répertoire critique,* Paris, Librairie Nizet, 1968, 826 p.

CASTEX, Pierre-Georges, *l'Éducation sentimentale*, Paris, Centre de documentation universitaire, « Les cours de Sorbonne », 1966, 99 p.

CELLIER, Léon, *Études de structure*, Paris, Minard, « Archives des lettres modernes », 1964, p. 2-20.

DEMOREST, D. L., *l'Expression figurée et symbolique dans l'œuvre de Gustave Flaubert*, Genève, Slatkine Reprints, 1967, 699 p.

DIGEON, Claude, *le Dernier Visage de Flaubert*, Paris, Aubier-Montaigne, 1946, 182 p.

DUMESNIL, René, *le Grand Amour de Flaubert*, Genève, Éditions du Milieu du Monde, 1945, 230 p.

⤷, *Gustave Flaubert*, Paris, Desclée de Brouwer, 1947, 538 p.

⤷, *la Vocation de Gustave Flaubert*, Paris, Gallimard, « Vocations », 1961, 267 p.

⤷, *l'Education sentimentale de Gustave Flaubert*, Paris, Librairie Nizet, 1963, 211 p.

DURRY, Marie-Jeanne, *Flaubert et ses projets inédits*, Paris, Librairie Nizet, 1950, 413 p.

Flaubert, en collaboration, colloque de Rouen, *Europe*, septembre-octobre-novembre 1969, p. 3-278.

GÉRARD-GAILLY, *le Grand Amour de Flaubert*, Paris, Aubier-Montaigne, 1944, 297 p.

GIRAUD, Raymond, *Flaubert, A Collection of Critical Essays*, Englewood Cliffs (N.J.), Prentice Hall Inc., « Twentieth Century Views », 1964, 180 p.

GUILLEMIN, Henri, *Flaubert devant la vie et devant Dieu*, Bruxelles, La Renaissance du Livre, 1963, 176 p.

LA VARENDE, J. DE, *Flaubert par lui-même*, Paris, Éditions du Seuil, « Écrivains de toujours », 1951, 187 p.

MASON, G. M., *les Écrits de jeunesse de Gustave Flaubert*, Paris, Librairie Nizet, 1961, 132 p.

MATIGNON, Renaud, « Flaubert et la sensibilité moderne », *Tel quel*, n° 1, printemps 1960, p. 83-89.

NAAMAN, Antoine Youssef, *les Débuts de Gustave Flaubert et sa technique de la description*, Paris, Librairie Nizet, 1962, 528 p.

NADEAU, Maurice, *Gustave Flaubert écrivain*, Paris, Denoël, « Lettres nouvelles », 1969, 334 p.

RICHARD, Jean-Pierre, « La création de la forme chez Flaubert », *Littérature et sensation*, Paris, Éditions du Seuil, 1954, 286 p.

SARTRE, Jean-Paul, *l'Idiot de la famille*, Paris, Gallimard, « Bibliothèque de philosophie », 1971, 2 136 p.

SHERRINGTON, R. J., *Three Novels by Flaubert*, Oxford, Clarendon Press, 1970, 363 p.

STARKIE, Enid, *Flaubert : The Making of the Master*, Londres, Weidenfeld and Nicolson, 1967, 403 p.

THIBAUDET, Albert, *Gustave Flaubert*, Paris, Gallimard, 1963, 303 p.

WETHERILL, P. M., *Flaubert et la création littéraire*, Paris, Librairie Nizet, 1964, 264 p.

III. Critique littéraire · ouvrages d'ensemble

AUERBACH, Éric, *Mimesis. La représentation de la réalité dans la littérature occidentale*, Paris, Gallimard, « Bibliothèque des idées », 1968, 559 p.

BARS, Henri, *la Littérature et sa conscience*, Paris, Grasset, 1963, 380 p.

BARTHES, Roland, *le Degré zéro de l'écriture*, Paris, Gonthier, « Médiations », 1965, 181 p.

↳, *Critique et vérité*, Paris, Éditions du Seuil, 1966, 78 p.

BLANCHOT, Maurice, *l'Espace littéraire*, Paris, Gallimard, « Bibliothèque des idées », 1968, 382 p.

↳, *le Livre à venir*, Paris, Gallimard, 1959, 308 p.

Les Chemins actuels de la critique, en collaboration, Paris, Union générale d'éditions, « 10/18 », 1968, 308 p.

DRESDEN, Sam, *la Notion de structure*, La Haye, Van Goor Zonen, 1961, p. 33-50.

FALK, Eugene, *Types of Thematic Structure*, Chicago et Londres, The University of Chicago Press, 1967, 180 p.

GENETTE, Gérard, *Figures*, Paris, Éditions du Seuil, 1966, p. 223-243.

GUILLAUMAUD, J., *Du temps physique au temps romanesque*, Paris, Centre d'études et de recherches marxistes, 1965, 21 p.

KEMPF, Roger, *Sur le corps romanesque*, Paris, Éditions du Seuil, « Pierres vives », 1968, 188 p.

LUKACS, Georges, *la Théorie du roman*, Paris, Gonthier, « Médiations », 1963, 196 p.

MACHEREY, Pierre, *Pour une théorie de la production littéraire*, Paris, François Maspero, 1966, 332 p.

MICHAUD, Guy, *l'Œuvre et ses techniques*, Paris, Librairie Nizet, 1962, 271 p.

POULET, Georges, *Études sur le temps humain*, Paris, Plon, 1950, p. 308-326.

⤷, *les Métamorphoses du cercle*, Paris, Plon, 1961, p. 371-396.

ROUSSET, Jean, *Forme et signification*, Paris, Librairie José Corti, 1964, 200 p.

SOURIAU, Étienne, *les Structures maîtresses de l'œuvre d'art*, Paris, Centre de documentation universitaire, « Les cours de Sorbonne », 1966.

Table des matières

*Achevé d'imprimer à Montréal
le 28 mars 1972
sur papier Rolland Zéphyr Antique
par l'imprimerie Jacques-Cartier Inc.*